Ñande Roga (Nuestra Casa)

Hacia un nuevo despertar.

La infinitud del hombre en la búsqueda del éxito material y espiritual.

Contenido

Prólogo. 4

Capítulo 1 6

Viajando a tierras Japonesas…que Aprendo de las tierras del Sol Naciente?. 6

Amida el Buda Viviente. 6

Capítulo 2 9

En el país de los Faraones…los misterios y las enseñanzas son infinitos? 9

Horus el halcón rebelde. 9

Capítulo 3 13

La Meseta del Decan…una tierra antigua y llena de riquezas espirituales. 13

Krishna el héroe épico. 13

Capítulo 4 17

La Mesopotamia del Tigris y el Éufrates…fue cuna de muchas civilizaciones y la escritura. 17

Enlil, entre los Sumerios dios del cielo. 17

Ormuzd, dios de Zoroastro en la Persia milenaria. 17

Capítulo 5 21

Enoch, legado del alfabeto hebreo, pequeñas historias que nos dará luz. 21

Un Ángel, un enviado, sus enseñanzas, una guía para triunfar. 21

Capítulo 6 56

Celtas, Druidas,…una tierra de extensas comarcas verdes y neblinas.............. 56

Lugh, …artesano de tu misma vida, debes brillar. 56

Capítulo 7 65

Los Helenos ,…los cuatros pilares de su Historia. 65

Arte , Ciencia, Filosofía y Religión…cuatro pilares que debes buscar. 65

Capítulo 8 72

La serpiente emplumada, México una tierra de innumerables tesoros. 72

Culturas serpentinas, la llave del arcano ocho. 72

Capítulo 9 81

Tonatiuh, el México del quinto Sol. 81

Tú eres un sol y debes brillar, busca en tu cosmos interior. 81

Capítulo 10 87

Los Bensa, habitantes de las nubes 87

En lo infinitamente pequeño , en lo extraordinariamente grande , así eres tú .. 87

Capítulo 11 96

Kwan-Yin: Diosa de la Misericordia y del Amor. 96

China , Tierras de emperadores y de una nación prodigiosa. 96

Palabras Finales. 105

Prólogo.

El descubrimiento de Ñande Roga (Nuestra Casa) nos lleva a vernos como una gran hermandad multicultural donde en cada lugar ha quedado plasmado las diferentes llaves que tenemos como humanidad para descubrir y desarrollar el éxito material y el potencial espiritual.

Viajaremos a través de las paginas a diferentes culturas donde la esencia de todas las cosas esta en los hechos que los protagonistas plasmaron, dejándonos claves, signos, pictogramas, esculturas, monumentos, escritos, poesías, o mapas del camino a un nuevo despertar.

La clave del éxito es una de las preguntas que nos hacemos durante la vida; y en este libro expongo una de las tantas alternativas que se abren al hombre en cuyo discernimiento concientivo lo llevara a encontrar las claves de su propio despertar en las diferentes áreas de su naturaleza terrícola. Lo material es un elemento que hace a la manifestación divina, y lo divino o las cuestiones que responden a lo interno que solo lo desarrolla aquel que sepa capitalizar las llaves que encuentre en su camino. Reflexivo, profundo y analítico los pequeños versos y capítulos que hallaremos, igual que nuestras vidas deberían ser así.

Estimado amigo lector aquí les dedico esta obra para que sea una llave más al encuentro de ñande roga (Nuestra Casa).

Capítulo 1

Viajando a tierras Japonesas...que Aprendo de las tierras del Sol Naciente?.

Amida el Buda Viviente.

Queridísimo Amigo lector imagínate en estos momentos llegar a la hermosa península de Japón donde allí reina la armonía entre sus montañas, donde la magia de sus paisajes nos remontan a épocas milenarias donde se hablaba del buda Amida, considerado el más grande de los dioses japoneses, protector de las almas mortales, soberano y el padre de todos aquellos que tiene la dicha de disfrutar los deleites del paraíso budista. Conocido como el mediador y la esperanza de la humanidad, es el dios al que todo japonés acude al momento de morir, pues su intercesión absorbe toda falta de las almas y la convierte en dignas de la bienaventuranza eterna.

Su nombre deriva del antiguo sánscrito Amitabha, cuyo significado es ser una fuente inconmensurable de vida y luz. Aquí una de las cosas importante de tu futura riqueza es estas cualidades , fecundar en ti conocimiento ósea luz y sentirte plenamente lleno de Vida que es la expresión de una fuerza superior llamado Dios. Se cree que antiguamente Amitabha era en este mundo o quizás en otro un monje llamado Dharmakāra, el cual era un rey que renunció a su trono para convertirse en un Buda y tomar posesión de buddhakṣhetra. Según sus devotos, posee innumerables distinciones debido a sus benéficas acciones hechas en vidas pasadas como ser de suprema sabiduría.

Amida personifica la dimensión espiritual y esotérica del aquel no nacido, no creado y sin forma al cual debe entenderse como ese medio que permite experimentar esa dimensión trascendental de la verdadera naturaleza humana. Además, señala esa entidad sobrenatural que cuida a los que lo rodean e impregna con su fuerza para despertarlos a la realidad y llevarlos al máximo estado de felicidad budista, el nirvana. Al mismo tiempo se encarga de ofrecer su amor y compasión, que ayuda a la eterna liberación espiritual de las personas adeptas al budismo.

Te diría ahora que no hay riqueza espiritual sin un equilibrio de lo material, como dice también un gran escritor y admirador, Robert Kiyosaki , "es más importante crecer en tus ingresos que reducir tus gastos. Es más importante hacer crecer tu espíritu que cortar tus sueños" que sabias las palabras de los hombres que circundan este bendito ñande roga.

Amida pertenece a uno de los cinco budas eternos de Japón y para rescatar a los mortales del horrible infierno, se encarnó en el fundador del budismo Sakiamuni. En adición, posee un increíble templo en Yedo al que se le muestra sobre un caballo de siete cabeza, que significa siete mil años.

Su cuerpo refleja el color del sol naciente y sentado en postura de meditación sostiene el cuenco mendicante lleno del elixir de la vida y la sabiduría. Y acá nos deja reflexionando este noble ser de la cultura japonesa enseñándonos a ser bondadosos con nosotros mismos, amantes y respetuoso por la vida, para que busquemos las llaves o claves que nos lleven a la eterna felicidad.

Buda Amitabha" se traduce simplemente como "Luz Infinita Completamente Consciente". Es el Buda representante de la suprema mente de todos los Budas.

Capítulo 2

En el país de los Faraones...los misterios y las enseñanzas son infinitos?

Horus el halcón rebelde.

Si de viajar se trata vamos juntos al país asolado de Kem, el país de los faraones, legendarias historias de un pueblo milenario que nos marcó en la humanidad el sello de diversos conocimientos en todo nivel; como patrimonio extraordinario de conocimiento y sabiduría, la civilización egipcia a través de sus pirámides, esculturas, los signos y los dioses, su grandioso esplendor es precisamente a causa de su piedad, devoción y reverencia por las cosas divinas y sagrado, la religión siempre estuvo en su vida cotidiana, todo lo que estaba sucediendo, desde lo más simple a lo más complejo, era obra de Dios y dependía de su voluntad.

Todas las grandes religiones tienen un principio divino y mantienen un misterio oculto, que no se revela, pero los que son iniciados o seguidores (iniciado es el que se inicia en los misterios y ha logrado un gran avance en la búsqueda de la perfección para alcanzar un fin que sea la unión con Dios o con la divinidad).

Por esto en estas tierras del Rio Nilo menciono en este capítulo a Horus del antiguo Egipto que era el hijo de Hathor, (casa o morada de Horus). Hathor era una diosa celestial. Ella es madre, esposa y compañera al mismo tiempo. Él es retratado como una mujer o vaca con el disco solar entre los cuernos identificados como la madre y la esposa de Horus, la maternidad y los niños era un dios del cielo y el amor, la alegría, la música, danza y alegría; pero este papel fue adoptado más tarde por Isis, cuando Osiris tomó una gran importancia en Egipto, Horus era el hijo de Osiris e Isis. Hathor e Isis fueron las diosas más veneradas de Egipto.

Osiris, Isis y Horus fueron la tríada más importante de los dioses egipcios.

Cuenta la historia de estos pueblos que la raza aria descendiente directa de la rama atlante que había establecido en los Himalayas, emigró formando los pueblos indoeuropeos, que se extendieron por varios sitios, entre ellos Irlanda, Inglaterra, el norte de Francia, Escandinavia, mientras que por el Sur dieron origen a los arios de la India, además de los iraníes, escita, griegos, sármatas, celtas, germanos, itálicos, protosemitas.

La cepa atlante fijó su estancia en Egipto y permaneció allí por 5000 años, como baluarte de las más puras y elevadas doctrinas esotéricas, que en su conjunto, constituyen la ciencia de los principios con cincuenta dinastías de faraones. N relación con la cultura época de la formación misma de los continentes, como una roja de Egipto empezó a evolucionar el pensamiento religioso del mundo occidental. La primera civilización egipcia se remonta a la época de la formación misma de los continentes, con una raza roja que construyo la esfinge, como monumento eterno dedicado a los cuatro principios que constituyen la materia: Tierra, Agua,

Fuego y Aire, representados por sus distintos componentes: Toro, ángel, león, águila, que son los cuatro seres de la visión de Ezequiel.

Por eso el primer iniciador a las sagradas doctrinas del que hay noticias fue, en Egipto, Hermes, encarnación del dios Thot, que los griegos, discípulos de los egipcios en estas doctrinas, nombraron Trimegisto, o tres veces grande, porque fue rey, científico y sacerdote. Su gobierno tenía por base una síntesis de las ciencias conocida como Osiris, que significa señor intelectual y cuyo símbolo matemático es la Gran Pirámide.

Esas enormes y majestuosas construcciones, muchos se preguntan aun como se erigieron, que tecnología de la época usaron; pero aún más son los enigmas que se van develando y descubriendo en hallazgos, como por ejemplo escaleras de piedras hacia el interior de un templo egipcio, los escalones totalmente derretidos.

Y Horus era el Dios del cielo, el Ser interno que se convierte en héroe solar, el hijo de la Divina Madre Isis, cada uno tiene su Divina Madre Interior y su ser interior. Por ello era el halcón rebelde como debes ser tú ante las circunstancias que la vida te muestre , primero viendo dentro de ti todo el potencial humano que tienes para convertirte en un exitoso. Con pensamientos altos, objetivos claros y puntuales esas son las herramientas que tú tienes para emprender cada viaje que se te presente, de emprendimientos, de negocios, de crecimiento físico como espiritual.

Horus ("el elevado") era el dios celeste en la mitología egipcia. Se le consideraba como el iniciador de la civilización egipcia.

Capítulo 3

La Meseta del Decan...una tierra antigua y llena de riquezas espirituales.

Krishna el héroe épico.

Ahora querido amigos viajamos rápidamente a esas tierras misteriosas donde se gestó hace miles de años una civilización que acuno a muchos pueblos que aunaron esfuerzos por tener su individualidad sagrada como también la identidad nacional; estamos hablando, si de las comarcas de la India. Cuando mencionamos estos lugares vienen a nuestra imaginación lugares de innumerables templos, donde nuestros sentidos sienten el aroma a incienso y nos transportan a saber las claves que hay detrás de cada personaje mítico, legendario y humano.

Para nombrarte uno, Krishna tiene un lugar demasiado especial en el listado de los Dioses de la India puesto que se establece como una de las deidades más veneradas e importantes gracias a que se muestra como un ser superior bastante severo pero asimismo lleno de amor y justicia. Por eso debemos en nuestras vidas ser rigurosos con nosotros mismos pero a su vez llenos de infinito amor.

La historia de este personaje mítico es que Krishna es el fruto del octavo embarazo de Devaki, es así como se señala que de acuerdo a la profecía todo indicaba que este bebé en especial le causaría la muerte a esta mujer, por lo que su hermano quien era un rey optó por encarcelarla. A pesar de todo Devaki logra tener a su hijo y lo entrega a unos ganaderos aún cuando tenía bastante claro que el pequeño era un dios. Krishna llamó siempre la atención por ser un pequeño demasiado travieso y aventurero, hasta que a los 16 años se convirtió en príncipe.

Siempre se nos ha comentado a lo largo de la historia que Krishna es una de las encarnaciones de Vishnú, otros le identifican como un dios. La representación física, se le muestra tocando la flauta, en ocasiones con piel de color azul y rodeado de una serpiente.

Podemos citar que no hace mucho en una cueva descubierta en la India hallaron pinturas rupestres de más de 10.000 años de antigüedad, entre las que destacan figuras con formas que recuerdan a los ovnis y los extraterrestres inmortalizados por el cine. El departamento de arqueología del estado indio de Chhattisgarh ha decidido recurrir a la ayuda de las agencias aeroespaciales de EE.UU. y de India para determinar la naturaleza de las imágenes descubiertas en una región tribal de Bastar, informa 'The Times of India', que publica las fotos del hallazgo. Nos hace pensar una vez y muchas veces más, que no estuvimos solos.

Hablando de estos pueblos el grupo indoeuropeos que se estableció en el Tíbet, los rishis consiguieron conservar una parte de sus poderes originales por medio de una disciplina llamada yoga, ciencia de la unión con la divinidad por medio de la meditación y de la ascesis espiritual. Los brahmanes fueron herederos de los rishis y con Krishna, asceta de los Himalayas, innovaron su religión que, a la figura original de Brahma, el Dios creador del Universo, añadió la de Vishnú como el Verbo, segunda Persona de la divinidad y su manifestación invisible. Con la identificación final del asceta en el Espíritu Divino. Además él, por primera vez, glorificó el Principio Eterno Femenino y de la Mujer Universal, así Vishnú tuvo su esposa celeste Lakshmi, la Diosa del Amor y de la belleza, en cuanto principio del amor y de la belleza.

Krishna enseño el amor, la bondad, la misericordia, el conocimiento y la fe,

Para todo lo que emprendamos en nuestras vidas debemos ser; joviales, alegres, lleno de virtud, aventureros, bondadosos, arriesgando el capital humano que tenemos para proyectarnos a un ser de luz y una persona totalmente exitosa. No te olvides que grandes seres como Gandhi y la Madre teresa eligieron vivir con humildad y alegría esas tierras.

Krisna es uno de los más importantes dioses de la India. Según el hinduismo, Krisna es uno de los numerosos avatares ('encarnaciones') del dios Visnú.

Capítulo 4

La Mesopotamia del Tigris y el Éufrates...fue cuna de muchas civilizaciones y la escritura.

Enlil, entre los Sumerios dios del cielo.

Ormuzd, dios de Zoroastro en la Persia milenaria.

Por qué elegí entre los sumerios a Enlil hijo de Anu, porque era conocido como el dios del cielo, según los textos Sumerios era uno de los dioses de Mesopotamia que podía crear y destruir, también conocido como dios del aire, las tempestades y la respiración, además de eso este dios tenía en su poder las tablas del destino, donde se revelaba el destino de todo lo existente. Así es mi estimado amigo, cada uno de nosotros somos luces en el firmamento como Enlil y dentro nuestro está el alma, que es una partecita de Dios, del cielo. Capaces de destruir pero a su vez de crear tantas maravillas como estrellas hay en el cosmos.

Todos los dioses de Mesopotamia se regían por un sistema sexagesimal, donde el primer lugar de numero 60 lo ocupaba Anu y el segundo lugar lo ocupaba su hijo Enlil, estas deidades vivían muchísimos años.

Aunque Enlil tenía la autoridad de tomar decisiones, las mismas tenían que ser evaluada por el consejo para ser aprobarlas.

Pero, luego de la muerte de su padre él ocupó el más alto rango y obtuvo poderes casi ilimitados.

También se relata en los textos hebreos, que cuando este logra alcanzar la cúspide ocupando el rol de Jehová, adquiere absoluto control de todo y libre ejecución de decisiones, además de disponer de un ejército de ángeles.

Sin embargo, esto trajo como consecuencias cierta rivalidad entre dioses, en especial con Marduk hijo de su hermano Enki.

Marduk el dios de Babilonia, quien gobernó Egipto durante 1000 años y también quería gobernar todo el planeta. Este le tenía un profundo odio a Enlil por haber ocupado el puesto de su padre Enki, pues él iba a ser el próximo heredero de Anu por ser su primer hijo, así que Marduk decidió construir la torre de Babel debido a su rebeldía.

Por lo que Enlil la destruyó, luego que hubo el diluvio el consejo Aunaki dividió la tierra en 4 continentes, en donde se eligió al azar entregarle Asia, Europa y Mesopotamia, mientras que a Enki heredó toda África.

Por otra parte Ninurta el hijo de Enlil heredó Persia, Asiria y las tierras de Elam.

También así su otro hijo Ishkur heredó las islas del Mediterráneo y Asia Menor.

Entonces Marduk logró heredar a Egipto y fue en ese momento donde se apoderó de los cuatro continentes, luego Enlil con su poderosa y sagrada arma "las tablillas Celestiales" obtuvo de nuevo el control de toda la tierra.

Una historia llena de misterio y claves que tú tienes que ir descubriendo a lo largo de tu vida. Todas las nociones de las ciencias sagradas eran conocidas desde la antigüedad más remota. Todas las enseñanzas antiguas reconocen que la creación tuvo origen en el poder de la palabra, y es por este motivo que se ha presentado en la memoria de todas las civilizaciones la reminiscencia de una lengua primitiva que, en sus palabras tenían un poder creador.

Para que entiendas en Persia hubo un héroe llamado Zoroastro, que en lengua avéstica se llama Zaratustra, que apareció hacia el año 2500 AC y se dice que fue iniciado en los Misterios sacros por Melquisedec, el iniciador de Abraham. Elk resolvió el problema de la difusión de la espiritualidad aria en el pueblo persa fundando una gran religión de elevado contenido sagrado: el Dios creador único se llamaba Ormuzd mientras que el mal estaba personificado en el dios Ahriman, o dios de las tinieblas.

Cuando Zoroastro fue llevado al cielo durante uno de sus éxtasis, volando sobre un arco de luz que unía el cielo con la tierra, vio allí unan mujer estupenda, toda vestida de luz, que le tendía una copa de oro de la que rezumbaba una bebida espumosa. Ella le dijo: "¿No me reconoces? Soy tu Creación, soy más que tú mismo, soy tu alma divina. Tus ruegos, tus lágrimas, tus reclamos me han salvado poco a poco del reino de Ahriman. Bajo el incienso de tu Amor, bajo la luz de tu pensamiento, me he acercado yo también al resplandor de Ormuzd. Finalmente beberemos en la copa de la Vida Inmortal, en el manantial de luz..." y la hermosa Arduizir se echó al cuello de Zoroastro, como una esposa se echa al cuello del amado. Una ola de luz y Fuego cubrió al profeta y simultáneamente la Esposa celeste se compenetro en él vibrando en su corazón, y el sintió que ambos eran uno.

Algo muy elocuente que podemos ver entre la arquitectura de aquella época son los Ziggurat edificios de origen sumerio. Desde un punto de vista arquitectónico, el Ziggurat constaba básicamente de un núcleo de ladrillos secados al sol y recubierto con ladrillos cocidos. Emplazado sobre una gran plataforma, se levantaba en forma de pisos, el superior siempre más pequeño que el inferior. A la cumbre, a la que se accedía por tres escaleras, había el gigunu, sala destinada al descanso del dios en su bajada hacia la tierra, creían como en las mayorías de las culturas milenarias que los Dioses bajaban en carrozas de fuegos. Nos hace pensar que siempre estuvimos asistidos por grupos extraterrestres poniendo orden, organizando y administrando diferentes civilizaciones. Aunque no se conserva ninguno entero, parece que algún Ziggurat, como el de Babilonia, llegó a tener entre seis y siete pisos, con una altura total de unos 100 m. En general, eran de dimensiones más reducidas. Muchos de ellos datan de la dinastía III de Ur y fueron restaurados o reconstruidos, a veces, en época posterior, como es el caso de Ur (2 687 m2 de superficie), uno de los más famosos y mejor conservados. Levantado por Ur-Nammu (2113-2096 aC), sus tres pisos originales fueron aumentados a cinco o siete por Nabucodonosor II (605-562 aC).

Tus eres también un creador de tu propia historia y dentro de ti hay un microcosmos que está anunciando un nuevo amanecer, dijeron y dicen siempre que como es arriba es abajo, es entonces que también el cielo como manifestación del macrocosmos es tu reflejo como mapa del camino.

Ormuz: el Creador no creado, es decir, la deidad suprema del zoroastrismo.

Capítulo 5

Enoch, legado del alfabeto hebreo, pequeñas historias que nos dará luz.

Un Ángel, un enviado, sus enseñanzas, una guía para triunfar.

Enoch o Enoc es, en el libro del Génesis, del Antiguo Testamento, el nombre de varios personajes Bíblicos mencionados en dos genealogías, y posteriormente por muchos autores judíos, cristianos y musulmanes. El primero aparece como primogénito de Caín (quien construyó una ciudad a la que le puso el nombre de Henoc para celebrar su nacimiento). Henoc fue padre de Irad, éste de Mehujael, éste de Matusalén, éste de Lamec quien aparece como el primer polígamo, y éste de Jabal. El segundo Henoc aparece como hijo de Jared, descendiente de Set, hijo de Adán, padre de Matusalén, abuelo de Lamec y bisabuelo de Noé (Génesis 5). Este «Henoc anduvo con Elohim, y desapareció porque Elohim se lo llevó»; «Por la fe Enoc fue trasladado para no ver la muerte, y no fue hallado, porque lo trasladó Dios». Otro Henoc es hijo de Madián y nieto de Abraham, que habría vivido en el 1700 a. C. aproximadamente. Según el Libro de los Jubileos, texto apócrifo escrito en tono midrásico, probablemente en el siglo II a. C. por un judío fariseo (de la versión hebrea sólo se conservan los fragmentos encontrados entre los manuscritos del Mar Muerto; la versión mejor conservada es la etíope): "Durante trescientos años, Henoc aprendió todos los secretos (del Cielo y de la Tierra) de los bene Elohím ('los hijos de los Dioses')". Etimológicamente midrásico proviene del verbo hebreo darâs, que significa buscar, investigar, estudiar. El nombre de dios Él es el nombre de uno o varios dioses ugaríticos que fueron importados a Palestina e introducidos en los textos sagrados hebreos. Por ejemplo, en Génesis 1 se dice: «Entonces Elohím dijo (en plural): "Hagamos al hombre a nuestra imagen, a nuestra semejanza"» y en Génesis 3: «Miren, el hombre ha llegado a ser como uno de nosotros, conociendo lo bueno y lo malo». Durante la descripción de la Torre de Babel (Génesis 11), los Elohím dicen: «Ahora pues, descendamos y confundamos sus lenguas». Algunos historiadores bíblicos opinan que el judaísmo fue en un tiempo una religión politeísta, hasta que los sacerdotes del dios Yahvéh ganaron el suficiente poder político y religioso como para declarar un Dios único. Sin embargo, otros opinan que este término sería usado como un plural mayestático de un solo Dios. «Eran gigantes que habían bajado a la Tierra porque carecían de compañía femenina. Los Dioses les enviaron para enseñar a la humanidad la verdad y la justicia». En el Libro de Enoc los hijos de los Elohím son llamados «Vigilantes» y se les menciona como un grupo de ángeles.

Igualmente, según los midrashim de Yalqut Shimoni (la más importante de varias colecciones de midrashim, realizada en la primera mitad del siglo XIII por rabí Shimeon Hadarshan, de Fráncfort), y el Bereshit Rabbati (midrás sobre el Génesis, abreviado a partir de un midrás perdido, más extenso, recopilado por rabí Moshe Hadarshan durante la primera mitad del siglo XI en Narbona): "Shemhazai y Azael (originalmente Azazel, 'le fortalece un El'), dos ángeles que gozaban de la confianza de los Elohím ('Señores'), preguntaron: «Señores del Universo, ¿no les advertimos el día de la Creación que el hombre demostraría ser indigno de Vuestro mundo?». Los Elohím replicaron: «Pero si destruimos al hombre, ¿qué será de Nuestro mundo?». Los ángeles contestaron: «Nosotros lo habitaremos». Los Elohím preguntaron: «Pero si descendéis a la Tierra, ¿no pecaréis incluso más que el hombre?». Ellos suplicaron: «¡Déjennos vivir allí durante un tiempo y santificaremos Vuestro nombre!». Elohím le permitió descender, pero enseguida a los ángeles les venció la lujuria por las hijas de Adán y se corrompieron mediante el trato sexual. Henoc dejó constancia no sólo de las instrucciones que recibieron de Elohím, sino también de su posterior caída en desgracia: antes del fin disfrutaban indistintamente con vírgenes, matronas, hombres y bestias. Shemhazai engendró dos hijos monstruosos llamados Hiwa e Hiya, cada uno de los cuales comía diariamente mil camellos, mil caballos y mil bueyes. Y Azael inventó los adornos y cosméticos empleados por las mujeres para pervertir a los hombres. En consecuencia, los Elohím les advirtieron que liberarían las Aguas de Arriba y así destruirían a todos los hombres y todas las bestias. Shemhazai lloró amargamente, pues temía que sus hijos, aunque bastante altos para no ahogarse, murieran de hambre. En aquellos días sólo la virgen Ishtahar permaneció casta. Cuando Shemhazai le hizo proposiciones lascivas, ella se dirigió a los hijos de los Elohím: «¡Préstenme sus alas!». Ellos accedieron y ella voló hasta el Cielo, donde se acogió en el Trono de los Elohím, que la transformó en la constelación Virgo (o según otros, las Pléyades). Al perder sus alas, los ángeles caídos quedaron abandonados en la Tierra durante muchas generaciones hasta que ascendieron por la escalera de Jacob y así regresaron a su lugar de origen. Shemhazai se arrepintió y se situó en el firmamento meridional, entre el Cielo y la Tierra —cabeza abajo y con los pies hacia arriba—, donde permanece colgado hasta nuestros días, formando la constelación llamada Orión por los griegos".

Pero antes de continuar con Enoc, vamos a ver algunos temas que tienen una relación bastante directa con los acontecimientos ligados a este enigmático personaje. Se cree que el escritor griego Arato (de comienzos del siglo III a. C.) también escribió sobre este relato, o su relato aunque diferente presenta una gran similitud con éste. Cuenta que la Justicia (siempre virgen, ya que no yacía con nadie), hija de la Aurora, gobernó con virtud la humanidad en la Edad de Oro, pero cuando llegaron las Edades de Plata y de Bronce acarreando codicia y masacre, ella exclamó: «¡Ay de esta raza perversa!» y ascendió al Cielo, donde se convirtió en la constelación Virgo. El resto de la narración está tomada del relato de Apolodoro sobre la persecución de las siete Pléyades vírgenes, hijas de Atlante y Pléyone, que lograron escapar de

los abrazos del cazador Orión transformadas en estrellas. No obstante, la mayoría de los estudiosos creen que Ishtahar parece referir a la diosa babilónica Ishtar, identificada a veces con la constelación Virgo. La creencia popular egipcia identificaba a Orión, la constelación en la que se convirtió Shemhazai, con el alma de Osiris. La explicación de este mito de los gigantes «hijos de Él», que ha constituido un obstáculo para los teólogos, puede estar en la llegada a Canaán de pastores hebreos, altos y bárbaros, aproximadamente en el 1900 a. C. y en su contacto, mediante el matrimonio, con la civilización asiática. En este sentido, los «hijos de El» se referiría a los propietarios de ganado que veneraban al dios-toro semita El; «hijas de Adán» querría decir 'mujeres de la tierra' (en hebreo adama), esto es, las agricultoras cananeas adoradoras de la Diosa, famosas por sus orgías y su prostitución premarital.

Si es así, este acontecimiento histórico se ha mezclado con el mito ugarítico, según el cual el dios El sedujo a dos mujeres mortales y engendró dos hijos divinos con ellas, a saber

Shahar ('Aurora') y Shalem ('Perfecto'). Shahar aparece como divinidad alada en el Salmo 139,9; y su hijo (según Isaías 14) era el ángel caído Helel. Las uniones entre dioses y mortales (que generalmente en la mitología provienen de las uniones de reyes o reinas con plebeyos), ocurren con frecuencia en los mitos del Mediterráneo y el Cercano Oriente. Como el judaísmo posterior rechazó todas las deidades menos su propio Dios trascendental, y como éste nunca se casó ni asoció con mujer alguna, Rabbí Shimon ben Yohai se sintió obligado a maldecir, en Génesis Rabba, a todos los que interpretaban «hijos de Él» en el sentido ugarítico. De manera evidente, tal interpretación todavía era habitual en el siglo II, y sólo desapareció cuando los bene Elohím fueron interpretados como 'hijos de los jueces'. Elohím podía significar 'dioses' pero también 'jueces'. Se generó incluso la teoría de que cuando un magistrado debidamente designado juzgaba una causa, el espíritu de Él lo poseía: «Yo había dicho: ¡Ustedes son dioses, todos ustedes, hijos del Altísimo!". Según las Homilías clementinas (opúsculo cristiano de principios del siglo III, escrito probablemente en Siria): "Ciertos ángeles acusadores pidieron permiso al dios Yahvéh Elohím para reunir pruebas fidedignas de la iniquidad humana, perlas, tinte purpúreo, oro y otros tesoros, que fueron robados inmediatamente por los codiciosos hombres. Entonces los ángeles-joyas adoptaron forma humana con la esperanza de enseñar rectitud a la humanidad. Pero esa asunción de carne humana les hizo someterse a los apetitos humanos: seducidos por las hijas de los hombres, se encontraron encadenados a la Tierra y fueron incapaces de recuperar sus formas espirituales. Los Caídos tenían unos apetitos tan grandes que Yahvéh Elohím hizo llover sobre ellos maná de muchos sabores diferentes para que no sintieran la tentación de comer carne, alimento prohibido, y excusaran su flaqueza alegando escasez de cereal y hortalizas. No obstante, los Caídos rechazaron el maná de

Yahvéh Elohím, mataron animales para comerlos y hasta probaron carne humana, contaminando así el aire con vapores nauseabundos. Con las mujeres y las bestias del campo y el agua, procrearon hijos monstruosos y titanes. Fue entonces cuando Yahvéh Elohím empezó a pergeñar la destrucción de Su mundo por medio del Diluvio".

Ël es una palabra semítica del noroeste, que tradicionalmente se traduce como 'dios', refiriéndose a la máxima deidad. Algunas veces, dependiendo del contexto, permanece sin traducción (quedando simplemente Ël). Kāsu, Ks, Kōs en idioma acadio; monte Khas o Kjas; monte Kasios en idioma griego; monte Casius en latín, que a veces se identifica con el monte Saphon (Safón), Sapán o Sapan. Después de que su «hijo» Baal tomara el poder, este monte se identificaría con su monte. Así, algunos autores los ponen como dos montes separados; estos dos montes corresponderían con el monte Sinaí y el monte Sion. En la mitología cananea, Ël era la deidad principal y se lo llamaba «padre de todos los dioses» (en los hallazgos arqueológicos siempre es encontrado al frente de las demás deidades). En todo el Levante mediterráneo era denominado Ël o IL, siendo el dios supremo, padre de la raza humana y de todas las criaturas. Este dios todopoderoso sería igualmente el equivalente del concepto "dioses" (en hebreo Elohim) y sería el equivalente del dios sumerio Anu. En el uso semítico, Ël era el nombre especial o título de un dios particular que era distinguido de otros dioses como «el Dios», lo que en el sentido monoteísta sería Dios. La raíz il corresponde a apelativos semíticos muy conocidos, como la palabra original semita para 'dios' es decir, El. En ciertas regiones, el apelativo il [literalmente 'dios'] era la referencia al dios sumerio Anu. Con el mismo apelativo il [literalmente 'dios'] se lo designaba al dios de los cereales, Dagan. En ugarítico, Dagan sería Dgn (que probablemente se vocalizaba como Dagnu) y en acadio como Dagana. El culto a Dagan era propio de los amorreos del siglo XXII a. C. y luego de la conquista elamita sobre la tercera dinastía de Ur, se difundió entre asirios y babilonios. En Asiria llegó a estar en equivalencia con Anu.

En las tablas de Ugarit, ese dios primigenio figura también como el esposo de la diosa Asera, Ishtar entre los babilonios, originalmente llamada Athirat (o Afdirad), que en la Biblia recibe el nombre de Astoret. La forma griega es Astarté, la cual es la madre de todos los dioses, la esposa celestial, la reina del cielo. Representaciones del dios Ël se ha encontrado en las ruinas de la Biblioteca Real de la civilización Ebla —en el yacimiento arqueológico de Tell Mardikh (Siria), que data del 2300 a. C.—. En algún momento de la historia pudo haber sido un dios del desierto, pues un mito dice que tuvo dos esposas y que con ellas y sus hijos construyó un santuario en el desierto. Ël ha sido el padre de muchos dioses —setenta en total— los más importantes fueron Baal Raman (Hadad), He, Yam y Mot, los cuales tienen atributos similares a los dioses Zeus, Poseidón (o Ofión), Hades (o Tánatos) respectivamente. Los antiguos mitógrafos griegos identificaron a Ël con Crono, el rey de los titanes. Por lo general, Ël se representa como un toro, con o sin alas. También lo llamaban Eloáh, Eláh, que en árabe se convirtió en Allah. El dios Ël preside sobre el monte G'r kvsi, que a veces se traduce como Khurshan-Zur-Kas (Kjúrshan zur kas). Para los pueblos cananeos era la deidad principal, el rey, creador de todas las cosas, el juez que dictaba lo que debían hacer tanto los hombres como los dioses. Su esposa primaria fue Ashera o Asera, la madre de los dioses, representada en los santuarios cananitas con árboles ornamentados.

Pero tuvo otra esposa: Anat hermana de Hadad (Baal Raman (el trueno, señor del trueno), llamada «la amante de los dioses» (ambas eran diosas de la fertilidad).

Ël es el padre de la «divina familia» y presidente de la asamblea de los dioses en el Monte de la Reunión. Es llamado «toro» por su fortaleza y potencia creativa, es el «Anciano de Días», la «Roca de las Edades», que está representado en una roca en Ras Shara. En los mitos es llamado Bny Bnwt, que significa 'creador de todas las cosas creadas', aunque algunos lo traducen como 'dador de potencia'. En las dos inscripciones halladas en Ras Shamra, Ël es retratado como un dios frío y distante, «en el flujo de los [dos] ríos», posiblemente el Edén, de donde un río fluía para formar a los ríos Tigris, Éufrates, Guijón y Pisón. Aparte de ser llamado «el creador», también era llamado «el bondadoso», «el compasivo» (títulos que aparecen incluso en la Biblia). Sólo la adoración de esta deidad (o su nombre) nunca fue estigmatizada en la Biblia ni por los patriarcas. De hecho Abraham dio los diezmos a un sacerdote de «Ël, el Altísimo», llamado Melquisedec. En Canaán el rey era nombrado «siervo de Ël» (similar al nombre del rey israelita David «El siervo de Dios»). Esto describía el estatus de los reyes antiguos como ejecutores de la voluntad divina. Este título era visto como un privilegio y como una carga. En los tiempos de Palestina, «los hijos de Ël» significaba 'los dueños de los ganados, adoradores del dios-toro Ël', y «las hijas de Adán» significaría 'las mujeres de Adama [la tierra, el suelo]'. Adama era una diosa de la agricultura y en la Biblia simboliza a la tierra de donde Adán fue tomado. Las hijas de Adama eran notorias por sus orgías (prostitución ritual). En aquellos tiempos era común que hubiesen sacerdotisas sexuales, que sirviesen en los templos. Es posible que de aquí venga la historia de Ël seduciendo a dos mujeres mortales, y éstas dándole hijos semidivinos, llamados Shalem ('perfecto'), y

Shahar ('amanecer'), que posee alas (según el salmo 139:9). Y su hijo fue el ángel caído Helel (según Isaías 14).

Esa mitología cananea se introdujo en las creencias del pueblo de Israel. La Biblia muestra ese sincretismo en muchos pasajes. Por ejemplo, la concepción de Dios como presidente en la «corte de los dioses» o «la divina asamblea» (Beneel), también es para referirse a la divina familia de Ël. En el Deuteronomio empieza con Israel en sus lapsus de fe y termina con el aserto de la destrucción de sus enemigos. En el Deuteronomio también se representa la primera etapa de los israelitas, en su adaptación del concepto de Dios al mando de la «asamblea de dioses», tomado de la mitología cananea, a la concepción de Dios como simplemente el principal entre todos los dioses. A lo largo de la historia de Israel, primero nombró a su dios Yahvé (o Jehová) como el «altísimo» entre la asamblea de «los hijos de Ël» (o «hijos de Israel» según la Septuaginta). Aunque se discute la fecha de este poema, más tarde (en el 900 a. C.) se hizo desparecer la corte completa de dioses y se condenó esa idea como apostasía. El dios Ël —de donde proviene la idea original del dios Yahvé— llegó a tener una descendencia de más de 70 deidades. La unión entre los dioses y las mortales se encuentra en casi todas las religiones del mundo, excepto en el islam, en el judaísmo y en el cristianismo.

En el cristianismo, Jesucristo es el Hijo Eterno de Dios (anterior a la creación del mundo), que no es ni soltero ni casado. La Palabra Revelada de Dios y Su Espíritu son un Solo y Único Dios y Tres Personas Divinas. La concepción virginal de Jesús no debe entenderse como fruto de la unión de Dios con una mujer (la Virgen María), sino que la mujer fue un medio para la encarnación de Jesús, mediante la acción del Espíritu Santo.

En el mundo antiguo se creía que los miembros de las clases dirigentes eran hijos de los dioses. Estas creencias se encuentran en el Mediterráneo y en todo el Oeste de Asia, sin contar las demás partes del mundo. En algún momento el judaísmo hizo a un lado a todas las deidades, y dejó solo a Yahvé, que como queda dicho no era ni soltero ni casado, pues, al igual que en el islam, no entra en esas categorizaciones humanas y, por lo tanto, nunca tuvo ningún hijo. Desde ese momento, llamarse «hijo de Dios» fue anatema. En el siglo II d. C., el rabino Shimon ben Yohai maldijo a todo aquel que —al leer la Torá (equivalente al Antiguo Testamento de los cristianos) o cualquier libro— entendiera el término bene Elohim ('los hijos de los dioses') en el sentido ugarítico. Desde ese momento, Elohim no significó 'dioses' (en plural) sino 'dios único'. ¿Y acaso —respondió Jesús— no está escrito en su ley: «Yo he dicho que ustedes son dioses»?

Ugarit (actual Ras Shamra) fue una antigua ciudad portuaria, situada en la costa mediterránea al norte de Siria a pocos kilómetros de la moderna ciudad de Latakia, en la región asiática conocida como Levante. Esta ciudad fue fundamental en la historia de las grandes civilizaciones del Cercano Oriente, especialmente durante el período de esplendor en el cual Egipto tuvo estados vasallos en el Levante, período que quedó registrado con precisión en la correspondencia de Tell el-Amarna entre funcionarios egipcios, ugaríticos, y de otras nacionalidades. El pueblo ugarítico, además, hizo importantes contribuciones a la escritura y a la religión, tanto semítica pagana como en las fases iniciales del judaísmo. Por estas contribuciones se puede identificar al pueblo que habitó Ugarit en su etapa histórica, que fue su período de esplendor y le dio su nombre, como un pueblo semita nororiental, emparentado lingüística y religiosamente con los cananeos ubicados más al sur. Las fuentes históricas destacaban que esta ciudad-estado, de alrededor de 2.000 Km² de superficie con sus áreas rurales, envió tributos al faraón de Egipto durante ciertos períodos, y que mantuvo importantes relaciones políticas y comerciales con el Reino de Alasiya —estado que posiblemente comprendía la isla de Chipre—. Su período de esplendor se extendió entre el 1450 a. C. y el 1180 a. C., aunque la ciudad surgió en el Neolítico, como todo asentamiento de importancia en el Levante por su temprano desarrollo. La correspondencia egipcia ya la menciona en su estadio histórico clásico de ciudad de Ugarit; y no solo un poblado neolítico— hacia el siglo XX a. C., fecha desde que se tiene conocimiento preciso de la ciudad. Hacia el siglo XIX a. C. el contacto comercial con la Ugarit histórica hacia el interior del Cercano Oriente ya estaba consolidado, tal como demuestran estelas que mencionan la ciudad en Ebla, otra ciudad-estado semita.

En 1928, Mahmoud Mella az-Zir, un campesino local alauíta, descubrió la entrada a la Necrópolis de Ugarit. Este fue el descubrimiento moderno de la ubicación exacta de las ruinas de la ciudad, de la cual sólo se tenían referencias históricas. Comparado el lugar descubierto en 1928 con grabados en vasijas cretenses que la indican en el mapa, conservados desde hacía generaciones, confirmaron la ubicación de la destacada ciudad perdida. Su descubrimiento arqueológico moderno permitió abrir un importante campo de exploración, la cual fue principalmente efectuada por el arqueólogo francés Claude F. A. Schaeffer. Buena parte de sus descubrimientos se encuentran en el museo Prehistórico y Galorromano de Estrasburgo, Francia. Las investigaciones más importantes las efectuó C. Schaffe en el edificio que pudo ser identificado como el Palacio Real durante buena parte del período de esplendor de la ciudad. Allí se hallaron 90 habitaciones y dos librerías privadas, con textos inscriptos en tablillas. Una de estas bibliotecas pudo identificarse como perteneciente a una persona llamada Rapanou, que posiblemente fue un diplomático dada la gran cantidad de manuscritos referentes a relaciones internacionales encontrados allí. Es una prolífica biblioteca, donde se encontraron textos no sólo diplomáticos, sino también religiosos, políticos —listas de Reyes Ugaríticos, costumbre registral que los diversos pueblos de la zona aplicaban desde tiempos sumerios—, comerciales, jurídicos —códigos legales, compraventa de tierras—, científicos, administrativos y literarios. Estos textos, escritos principalmente en alfabeto cuneiforme, fueron hallados no sólo en idioma local —el ugarítico era un pueblo semita—, sino también los grandes idiomas del Cercano Oriente de la época: acadio, sumerio, hurrita, chipriota, luvita y egipcio — estos dos últimos en escritura jeroglífica— lo cual demuestra la estratégica posición de la ciudad, tanto como nudo de comunicaciones terrestres entre Asia Menor y Mesopotamia, como puerta de entrada por vía portuaria de esta ruta comercial hacia otros pueblos del Cercano Oriente.

Este cruce de caminos se desarrolló desde el 6.000 a. C., en tiempos neolíticos, pero especialmente se destacó en el período más tardío e histórico de la ciudad, durante la Edad del Hierro, que hizo que por lo tanto ésta fuese su época más clásica y esplendorosa en población y desarrollo económico y cultural —como se ha indicado, hacia el Siglo XII a. C.—. Excavaciones posteriores, en 1958, 1973 —en la que se encontraron 120 tablillas— y 1994 —en la que se encontraron 300 tablillas— permitieron detectar respectivamente en cada una de ellas una nueva biblioteca, totalizando cinco las identificadas, con las dos previamente descubiertas del Palacio Real. La colección de tablillas correspondiente a la primera fue vendida en el mercado negro, rescatada casi en su totalidad por el Instituto de Antigüedad y Cristiandad de la Escuela de Teología de Claremont. Su traducción e interpretación científica fue publicada por Loren R. Fisher en 1971. Entre los textos religiosos que se descubrieron en el Palacio Real, se destaca el ciclo de Baal, principal documento religioso que instruye la práctica doctrinaria que debe aplicarse a este dios, fundamental en los principios religiosos de éste y otros pueblos semíticos vecinos del Levante; La Leyenda de Keret; La Muerte de Baal — describe los enfrentamientos entre Mot y Baal Hadad—; la Epopeya de Aqhat —o Leyenda de Dan-El—, y el Mito de Baal-Aliyan. Los principales dioses fueron: Asherah, el Ashartu mesopotámico; Yaw, dios del caos y las tempestades, posiblemente emparentado con el posterior Yodhevauhe hebreo; Mot, dios de la muerte; Yam, dios del mar; Hadad, rey del cielo. Estos dioses eran los Elohimiticos, pues eran la corte del dios principal, El. Esta corte era conocida como 'Ihm. Entre los palacios religiosos se destaca uno dedicado al ya citado dios Baal, y otro a Dagón, el espíritu del inframundo local principal.

Los textos religiosos permiten conocer las creencias típicas de los pueblos del Levante en tiempos cercanos a que esta región, y en especial las tierras vecinas más hacia al sur — Canaán, posterior Israel—, fuesen ocupadas por el pueblo hebreo. Al pasar a ser su territorio el conocimiento de estas creencias permite comprender la redacción de los hechos de los hebreos y sus costumbres más antiguas, expresadas en la Biblia, íntimamente relacionadas con las tradiciones previas de sumerios y pueblos semitas como éste, más avanzados que el hebreo en un principio, y emparentados lingüísticamente a su vez. Un alfabeto que reemplazó a la previamente indicada escritura cuneiforme de origen mesopotámico, emergió en torno al siglo XV a. C. Es motivo de disputa si éste fue el primer alfabeto de la historia, o el fenicio, procedente de una región vecina y vinculada con Ugarit al norte —Líbano—. Como sea, el ugarítico y el fenicio fueron etapas primigenias del alfabeto semita, que originó a los demás alfabetos del mundo y se consolidó posteriormente con su etapa aramea. El alfabeto ugarítico, de 30 caracteres, reflejaba mejor la oralidad del idioma ugarítico —y de cualquier otro— que los jeroglíficos egipcios o las cuñas mesopotámicas, permitiendo abrir el acceso al conocimiento, la literatura y el registro escrito de hechos y obligaciones a un número de población más extenso que el de los escribas, única clase escribiente en éste y otros estados de Oriente hasta ese momento. Esto explica su éxito, tanto local como internacional posteriormente. Fue toda una revolución, dispersa por el mundo luego por los fenicios primero, y en contacto con estos, griegos —hacia Occidente— y arameos —hacia Oriente—, después.

Más tarde, el mito hebreo convierte a Henoc en el ángel ayudante y consejero de Jehová Elohím y también en patrono de todos los niños que estudian la Torá. Según el Sefer Hejalot (midrás sobre los secretos del Cielo, estrechamente relacionado con el Libro de Henoc): "El sabio y virtuoso Henoc ascendió al Cielo, donde se convirtió en el principal consejero de Yodhevauhe Elohím y desde entonces fue llamado Metratón. Yahvéh Elohím puso su propia corona sobre la cabeza de Henoc y le dio setenta y dos alas y numerosos ojos. La carne de Henoc se transformó en llama, los tendones en fuego, los huesos en ascuas, los ojos en antorchas, el cabello en rayos de luz, y lo envolvió la tormenta, el torbellino, el trueno y el rayo". Metratón sería una corrupción hebrea del griego meta-dromos, 'el que persigue con venganza', o de meta ton zronon, 'cercano al trono'. Los setitas (descendientes de Set) hacían voto de celibato y llevaban vida de anacoretas, según el ejemplo de Henoc. Según el Génesis 5, Henoc era un hombre justo, «caminó con Yahvéh», vivió 365 años, y desapareció, porque Yahvéh se lo llevó sin que muriera. El escritor midrásico judío Bar-Hebraeus escribió: "Henoc fue el primero que inventó los libros y las diversas formas de escritura. Los antiguos griegos declaran que Henoc

es equivalente a Hermes Trimegisto, y enseñó a los hijos de los hombres el arte de construir ciudades, y promulgó algunas leyes admirables [...] Descubrió el conocimiento del zodiaco, y el curso de los planetas; y enseñó a los hijos de los hombres que debían adorar a los Elohim, que debían ayunar, que debían rezar, que debían dar limosnas, ofrendas votivas y diezmos. Reprobó los alimentos abominables y la ebriedad, e instituyó festivales para sacrificios al Sol, en cada uno de los signos zodiacales".

En el Corán, el profeta Henoc es conocido como Idris, y se le describe como sigue: "¡Verdaderamente! Es un hombre de verdad y un profeta. Le elevamos a un alto puesto". Según el 2 Henoc, texto apócrifo y pseudoepigráfico, el dios Yahvé se llevó a Henoc y le transformó en el ángel Metratón. Se dice que el rey Salomón adquirió gran parte de su sabiduría en el Libro de Raziel, colección de secretos astrológicos tallados en zafiro, que guardaba el ángel Raziel. En el capítulo 23 del 2 Henoc, el Henoc eslavo dice que el dios El dictó a Henoc su conocimiento cósmico, después designó a los ángeles Samuil y Raguil o Semil y Rasuil para que acompañaran a Henoc en su regreso a la Tierra y ordenó a éste que legara esos libros a sus hijos y a los hijos de sus hijos. Tal sería el origen del Libro de Raziel, que fue entregado, según la tradición judía, por el ángel Raziel a Adán, del cual pasó a Noé, Abraham, Jacob, Leví, Moisés y Josué antes de llegar al rey Salomón. Según el Tárgum sobre el Eclesiastés: "Cada día el ángel Raziel, erguido sobre el monte Horeb, proclama los secretos de los hombres a toda la humanidad y su voz resuena alrededor del mundo". Un denominado Libro de Raziel, que data aproximadamente del siglo XII, fue escrito con toda probabilidad por el cabalista Eleazar ben Judah, de Worms, pero contiene creencias místicas mucho más antiguas. Para los miembros de La Iglesia de Jesucristo de los Santos de los Últimos Días (conocidos popularmente como "mormones"), Enoc fundó la ciudad justa de Sion en un mundo pecaminoso. Él y los habitantes de toda la ciudad fueron «trasladados» por Jehová y se esfumaron de la superficie de la Tierra antes del Gran Diluvio. Dejaron a Matusalén y su familia (incluido Noé) para que gente justa siguiera poblando la Tierra.

Se dice que el patriarca Enoch escribió 366 libros de sabiduría. De Enoch se dice en las Escrituras: «anduvo toda su vida en los caminos de Dios y no conoció la muerte sino que fue asumido». Enoch fue el primer sabio de nuestra Era Adámica, o sea de nuestra actual civilización, tan adelantado que su sabiduría se regó por todos los países entonces conocidos y cada país trató de apropiárselo bautizándolo cada uno con el nombre apropiado al lenguaje del lugar. En Egipto fue conocido como Toth, escriba de los dioses, nombre que significa "dos veces grande". En Grecia lo conocieron como Hermes Trimegisto, o sea, "tres veces grande". En fenicia los llamaron Cadmus, o sea "cinco veces grande". A través de los tiempos se extraviáron los 366 libros de Enoch. Andando los siglos aparecieron dos ejemplares de esos libros; uno en Abisinia (Etiopía) y el otro fue a dar a Rusia. La copia etíope pasó a Jerusalén. Se presume que la Reina de Saba lo llevó como obsequio a salomón, y luego, por medio de las Cruzadas, fue a parar a Inglaterra donde fue archivada en la Abadía de Westminster, donde desapareció de la circulación, reapareciendo cuando un obispo encontró y leyó uno de los libros, precisamente el que trata de la Ley de Mentalismo, la cual le pareció interesante y la exhumó poniéndola en circulación, siendo hoy esta Ley la base de las Enseñanzas Metafísicas. El libro traducido, que no sabemos cómo reapareció, es aquel en que se narra cómo Enoch fue llevado a la presencia de Dios antes de dejar definitivamente la Tierra, y las estupendas revelaciones que le fueron dadas para transmitirlas a sus hijos y a las sucesivas generaciones. Este nuevo fragmento de la primitiva literatura vio la luz por medio de ciertos manuscritos que fueron encontrados en Rusia y Servia, y lo que hasta ahora se conoce se ha conservado en lengua eslava. Poco se sabe acerca de su origen, excepto que en la presente forma fue escrito en alguna parte, más o menos al comienzo de la Era Cristiana. Su último editor fue un griego y el lugar de su composición fue Egipto. Y ahora empezamos con el enigmático Libro de Enoch, que más bien parece relatar los encuentros de Enoch con extraños y poderosos seres extraterrestres, que lo hubiesen abducido, y sus gigantescas naves espaciales, con varios niveles. También, en el lenguaje, podemos ver la manera en que una persona sin vocabulario ni conocimientos tecnológicos explicaría una situación en un entorno de tecnología avanzada.

"Hubo una vez un hombre sabio, un gran artífice; y Dios concibió Amor por él. Así resolvió mostrarle las Supremas Moradas para que fuera un testigo ocular de Su Sabiduría, de la profundidad inconcebible e inmutable del reino de Dios Todopoderoso, y del muy maravilloso, gloriosos y brillante lugar donde se observa la presencia de los diversos ojos de los servidores del Señor, y del Inaccesible Trono del Altísimo, y de los grados y manifestaciones de las inmateriales Huestes, y del inefable ministerio de la multitud de elementos y de las varias apariciones inenarrables del canto del Anfitrión

Querubín, y de la ilimitada Luz. En aquel tiempo, él dijo: Cuando cumplí mis 165 años, engendré a mi hijo Matusalén. También, después de esto, viví 200 años más, completando así todos los años de mi vida, en total 365. En el primer día del primes mes, estaba en mi casa solo y descansando en mi diván. Dormía. Y cuando estaba dormido, una gran congoja llegó a mi corazón y estaba llorando en el sueño con los ojos cerrados y no podía comprender cuál era la causa de esta aflicción o de lo que me pasaría. He ahí que se me aparecieron dos hombres tremendamente altos, tanto así que no había visto nada semejante en la tierra, sus caras eran relucientes como el Sol, sus ojos eran también como una llameante luz y de sus labios salía fuego hacia delante; con ropas y mantos de varias clases; de apariencia violeta; sus alas eran más relucientes que el oro y sus manos blancas como la nieve. Estaban de pie a la cabecera de mi diván y empezaron a llamarme por mi nombre. Y me levanté de mi sueño y vi claramente a aquellos dos hombres de pie frente a mí. Y yo los saludé, y se posesionó de mí tal miedo, que la apariencia de mi rostro se cambió en terror [extraña y detallada descripción de los seres que lo visitaron], y aquellos hombres me dijeron: <<Ten valor Enoch, no temas; el Dios Eterno nos envía a ti, y he aquí que tus ascenderás hoy al cielo con nosotros. Ve y diles a tus hijos y a toda tu familia todo lo que harán sin ti en la tierra y en tu hogar, y no dejes que nadie intente buscarte que el Señor te devuelva a los tuyos>>. Y yo me apresuré a obedecerlos y salí fuera de mi casa hacia las puertas, como me fue ordenado y convoqué a mis hijos Matusalén y Regim y Gaidad y les hice saber todas las maravillas que aquellos hombres me habían contado".

Y Enoch empezó a instruir a sus hijos: "Escuchen, hijos míos: No sé dónde iré ni qué me acontecerá, por lo tanto, hijos míos, ahora les diré que no se olviden de Dios a la faz de lo vano e inútil, los que no hicieron el cielo ni la tierra, porque éstos perecerán, como también aquellos que los glorifiquen, y permita el Señor asegurar vuestros corazones en su temor. Y ahora hijos míos, no dejen que nadie siquiera piense en buscarme, hasta que el Señor me devuelva a vosotros. Y aconteció, luego que Enoch habló a sus hijos, que los ángeles lo tomaron entre sus alas y lo llevaron hacia el primer Cielo y lo instalaron en las nubes: "Y desde allí miré, y volví a mirar más arriba, y ellos me dejaron en el Primer Cielo y me mostraron un muy grande mar, mucho mayor que el mar terreno [tal vez la vista de un océano terrestre desde las alturas]. Ellos trajeron frente a mí a los ancianos y gobernantes de las órdenes estelares, y me mostraron doscientos Ángeles, que gobiernan las estrellas y hacen el servicio de los cielos y que vuelan con sus alas y alrededor de cada astro que va asomando. Desde aquí miré hacia abajo y vi las casas -tesoro de la nieve, y de los Ángeles que guardan esas inmensas casas -almacén y las nubes de donde ellos vienen y a donde tornan. Ellos me enseñaron las casas -tesoro del rocío así como del aceite de oliva y sus aspectos, como también de todas las flores de la tierra. Más allá, muchos Ángeles custodian las casas -tesoro de estas cosas, y cómo están construidas para abrirlas y cerrarlas. Y aquellos hombres me llevaron y me condujeron al Segundo cielo y me mostraron una obscuridad, más impenetrable que ninguna obscuridad terrena, y ahí vi prisioneros colgados, mirando, esperando el gran juicio sin límite, y estos Ángeles eran de apariencia negra, más negra de nada terrenal, e incesantemente lloraban a través de todas las horas [tal vez un tipo de cárcel, en donde se aplicaban verdaderamente torturas, cuya explicación no requiere de conocimientos tecnológicos]. Y yo les dije a los hombres que estaban conmigo: "¿Cuál es el motivo por el cual estos son incesantemente torturados?". Ellos me contestaron: "Esos son los apostatas de Dios, que no observaron los mandatos de Dios, que sólo tomaron consejo de su libre albedrío, y se separaron con su príncipe, que también él está atado al Quinto Cielo"".

"Y yo sentí una gran piedad por ellos, y ellos me saludaron y me dijeron: "Hombre de Dios ora por nosotros al Señor". Y yo les contesté: "¿Quién soy yo, hombre mortal, que pueda orar por Ángeles. ¿Qué sé yo dónde iré, qué me acontecerá, o quien orará por mí?". Y aquellos hombres me tomaron y me llevaron desde ahí y me condujeron hacia arriba, al Tercer Cielo`[¿el tercer piso de la gran nave?]. Y allí me dejaron. Y yo miré hacia abajo, y vi el aprovisionamiento de estos lugares, como nunca cosa semejante se había conocido para bien supremo. Y yo vi toda la dulzura de los árboles en flor y contemplé sus frutos, y deliciosos aromas, y todos los manjares que se preparan con burbujeante y fragante exhalación. Y en el centro de todos los árboles, aquél: el de la Vida, en aquel sitio, sobre el cual el Señor descansa cuando Él va y entra en el Paraíso; y este árbol es de inefable virtud y fragancia y luce engalanado mucho más que ninguna cosa existente; y desde todos los lados se ve de color dorado y bermellón y como fuego y cubre todo y ha engendrado toda clase de frutos [parece algún tipo de invernadero con algún sistema de calefacción]. Su raíz está en el jardín al fin de la tierra. El Paraíso es entre corruptible e incorruptible. Y dos fuentes brotaban enviando miel y leche, y otras dos fuentes manaban aceite y vino, y ellas se dividían en cuatro partes y corrían alrededor, en tranquilo curso, y bajaban dentro del Paraíso del Edén, entre corruptibilidad o incorruptibilidad. Y desde allí seguían su curso por la tierra, y tuvieron retorno en su círculo, igual que otros elementos [suena a algún tipo de máquina proveedora de alimentos y a alguna cinta transportadora]. Y aquí no existe árbol y todo sitio es bendecido. Y aquí hay trescientos Ángeles muy resplandecientes que guardan el jardín y con un incesante y dulce cantar y nunca voces silentes, sirven al Señor a través de todos los días y las horas [tal vez algún tipo de hilo musical]. Y yo dije: "Qué melodioso os es este lugar y cuán grato y dulce" y aquellos hombres me dijeron: Este lugar, ¡oh Enoch!, este lugar está preparado para los justos, que soportan toda clase de ofensas de aquellos que exasperan sus almas, para aquellos que exasperan sus almas, para aquellos que apartan sus ojos del inicuo, y juzgan justicieramente, y dan pan al hambriento, y cubren al desnudo de ropas, y levantan al caído, y ayudan el huérfano herido y que caminan impecables delante del rostro del Señor, y sirven a Él. Para ellos es preparado este lugar como su eterna herencia"

"Y aquellos dos hombres me fueron guiando a la parte Norte, y me mostraron ahí un terrible lugar, y había allí toda clase de torturas, cruel obscuridad y una iniluminada lobreguez. No hay luz ahí, sino un sombrío fuego constantemente flameando hacia lo alto; y un ardoroso río, a la vista, y todo aquel lugar por dondequiera es fuego [quizá una luz rojiza difusa], y dondequiera es escarcha y hielo [quizá algún tipo de vidrio], sed y escalofrío, mientras las ataduras son muy crueles y los Ángeles portan irritadas armas e imponen inhumanas torturas [otra vez un lugar donde se aplicaban torturas, que no requiere de conocimientos tecnológicos para poderlo explicar]. Y yo dije: "¡Dolor! ¡dolor! ¡qué terrible es este lugar!". Y aquellos hombres me dijeron: "Este lugar ¡oh Enoch!, está preparado para aquellos que deshonran a Dios, y que en la tierra practican el pecado contra natura, que es la corrupción de los niños en la forma sodomita: hacen magia, encantamientos y satánicas brujerías; y quienes se jactan de sus actos impíos, robando, mintiendo, calumniando, envidiando, ejerciendo rencor, fornicación, asesinato; y quienes perversos roban las almas de los hombres, quienes viendo al pobre le quitan sus bienes y siendo ricos los atropellan por las mercancías de otros hombres; quienes teniendo medios para satisfacerles la necesidad hacen que el hambriento muera; y teniendo medios para vestirlo, desnudan al pobre; y aquellos que des conociendo a su Creador se inclinan ante desalmados, rindiendo culto a dioses, vanos dioses, fabricados por ellos mismos, talladas imágenes que no pueden ni oír; aquellos que practican obras impuras. Para todos estos está preparado este lugar, como herencia eterna [probablemente de esta visión de Enoch viene la idea del infierno. De todos modos no corresponde a la idea de un dios caritativo y misericordioso]. Aquellos hombres me llevaron y me dejaron en el Cuarto Cielo, y me mostraron todos los sucesivos viajes y todos los rayos de la Luz del Sol y de la Luna [tal vez algún tipo de pantalla de televisión o equivalente]. Y yo medí sus viajes y comparé su luz y vi que la luz del Sol es más fuerte que la de la Luna. Sus círculos y los discos, que siempre están marchando como un viento que pasa con una muy maravillosa velocidad, y no tiene reposo ni en el día ni en la noche [tal vez se refieren a múltiples naves]".

"Su tránsito y regreso están acompañados por cuatro grandes estrellas, y cada estrella tiene debajo de ella mil estrellas, a la derecha del disco del Sol, y por cuatro a la izquierda, cada una debajo de ellas contiene mil estrellas, que hacen un total de ocho mil, surgiendo continuamente en el Sol. Y en el día, quince miríadas de Ángeles la atienden, y por la noche, un millar [probablemente se refiera a naves más pequeñas]. Y seis aliados de ellos, salen con los Ángeles antes de que el disco del Sol entre en las finas llamas, y cien Ángeles encienden el Sol y lo ponen a alumbrar. Y yo miré y vi otros elementos. De este modo el Sol rota y va, y se levanta bajo el cielo, y en su curso sigue alumbrando a la tierra con la Luz incesante de sus rayos y cuyos nombres son: Phoenixes y Chalkydri [Seguramente se refiere a una o dos grandes naves], maravillosos y estupendos con pies y colas en la forma de un león, y una cabeza de cocodrilo. La apariencia de ello es de color empurpurada, como el arco iris; y su tamaño es de novecientas mensuras; sus alas son como las de los Ángeles. Cada uno tiene doce, y ellos atienden y acompañan al Sol, gestando calor y rocío, como les ha sido ordenado por Dios. Aquellos hombres lleváronme lejos hacia el Este y me dejaron a las puertas del Sol, donde el Sol sigue hacia delante de acuerdo con la regulación de las estaciones y el circuito de los meses de todo el año, y el número de las horas del día y de la noche. Y yo vi seis puertas y cada puerta tenía sesenta y una estadía y la cuarta parte de un stadium y los medí exactamente y comprendí que su medida era ese tanto a través de la cual el Sol seguía su paso, marchando hacia el oeste [parece bastante claro que se refiere a una gran nave resplandeciente y que le están mostrando el zodiaco], y se hace igual y se levanta a través de todos los meses, y se devuelve de nuevo de las seis puertas de acuerdo con el curso de las estaciones; de este modo el cielo de todo el año se ha terminado después del retorno de las cuatro estaciones. Y otra vez aquellos hombres me condujeron hacia los sitios del oeste, y me mostraron seis grandes puertas abiertas, correspondiendo con las puertas del Este [6 puertas del Este y 6 del Oeste parecería mostrar las 12 posiciones del zodiaco]. En sentido opuesto, al lugar donde sale, el Sol se pone, de acuerdo con el número de los días trescientos sesenta y cinco y un cuarto [sorprendentemente indica la duración precisa de

1 año. Un año o año sideral equivale a 12 meses en orbitar una vuelta alrededor del Sol. Duración: 365,256 363 004 días siderales, o 365,242 190 402 días solares medios]".

"Y así otra vez él baja a las puertas del oeste, extrayendo sus luces, la grandiosidad de su brillar, bajo la tierra, ya que la luminosidad de su corona permanece en el cielo con el Señor, custodiada por cuatrocientos Ángeles, mientras el Sol va rotando en círculo bajo la tierra, y permanece siete largas horas en la noche; y allí queda la mitad de su curso bajo la tierra, y cuando él vuelve aproximándose al Este en la octava hora de la noche, él trae sus luces, y su corona de resplandores y las llamas del Sol flamean más que el fuego [parece que se refiere a 2 naves, una que se mantiene en órbita y otra que desciende hacia la Tierra]. Entonces Los elementos del Sol, llamados Phoenixes y Chalkydri rompen a cantar [seguramente el sonido que emitían las naves]; por consiguiente, cada ave vibrando con sus alas, regocijan al dador de la luz, y ellos entonan su canto al mandato del Señor.

El dador de la luz viene para dar luminosidad al mundo entero, y el guardián de la mañana toma forma, esto viene a ser: los rayos del Sol, y el Sol de la tierra se manifiesta y recibe en fulgurante luz para encender toda la faz de la tierra; y ellos entonces me mostraron estos cálculos de los viajes al Sol. Y las puertas por donde él entra, éstas son las grandes puertas de la computación de las horas del año; es ésta la razón por la cual el Sol es una gran creación, cuyo ciclo dura veinte y ocho años, y comienza de nuevo desde el principio. Aquellos hombres me mostraron la otra ruta, la de la Luna, doce grandes puertas coronaban de Oeste a Este por donde la Luna va y vuelve al tiempo acostumbrado. Y va hacia adentro por la primera puerta, por los lados del Oeste del Sol: Por las primeras puertas, con treinta y un día exactos. Por las segundas puertas, con treinta y un día exactos. Por la tercera puerta, con treinta días exactos. Por la cuarta puerta, con treinta días exactos. Por la quinta puerta, con treinta y un día exactos. Por la sexta puerta, con treinta y un días exactos. Por la séptima puerta, con treinta días exactos. Por la Octava puerta, con treinta y un días exactos. Por la Novena Puerta, con treinta y un días exactos. Por la Décima puerta, con treinta días exactos. Por la Undécima puerta, con treinta y un días exactos. Por la Duodécima puerta, con veinte y ocho días exactos [tal vez un centro de observación con doce pantallas]".

"Y así van a través de las puertas del oeste en el mismo orden y número que siguen las puertas del Este, y de esta forma cumple con los trescientos sesenta y cinco y un cuarto de días del año solar, mientras el año lunar tiene trescientos cincuenta y cuatro y quedan faltándole doce días del cielo solar, que son los aspectos de la luna de todo el año. De este modo, también el gran cielo contiene quinientos treinta y dos años. El cuarto año de un día se omite por tres años y el cuarto año lo completa exactamente [¿se refiere a años bisiestos?]. Por lo tanto ellos son sacados fuera del cielo por tres años y no son agregados al número de días, porque ellos cambian el compás de los años a dos nuevos meses más hacia el final de dos meses más hacia la merma. Y cuando las puertas del oeste se cierran, él regresa y va al Este a las luces, y de este modo él continúa día y noche en rededor de los círculos del cielo, que están más bajos que los demás círculos, y corre más veloz que los vientos del cielo, y más aún que los espíritus, elementos y ángeles volando; cada ángel tiene seis alas. Ella tiene un curso séptuple en diez y nueve años. En el centro del cielo yo vi soldados armados, sirviendo al Señor, con tímpanos y órganos, con voces incesantes, con dulce voz, con un continuo, suave y amoroso y variado cantar, imposible de describir y que enajena cada mente, tan mágico y maravilloso era el canto de aquellos ángeles y yo me deleitaba escuchándolo. Los hombres me llevaron hacia el quinto cielo y me dejaron allí, y allí vi muchos e incontables soldados, llamados Grigori, de humana apariencia, y su talla era mayor que aquella de los grandes gigantes y sus caras marchitas, y sus bocas de perpetuo silencio, y no había servicio en el quinto cielo, y yo les dije a los hombres que estaban conmigo: ¿Cuál es el motivo que estos seres estén tan macilentos, y sus caras melancólicas y sus bocas silenciosas y cuál el motivo de que no exista servidumbre en este cielo?. Y ellos me dijeron: Estos son los Grigori, que en unión con su príncipe Satanás, rechazaron el Señor de la Luz, y después de ellos siguen aquellos que están sumergidos en gran obscuridad en el segundo cielo, y tres de ellos bajaron a la Tierra desde el trono del Señor, el lugar llamado Ermon, y rompieron por completo sus votos en el hombro del Monte Ermon. Vieron a las hijas de los hombres y lo buenas que eran, y las tomaron por esposas, pervirtiendo la tierra con sus hechos, que en todo tiempo de sus años vivieron fuera de toda ley, cometiendo vilezas , promiscuando. Así nacieron gigantes maravillosos, grandes hombres y hubo gran hostilidad entre ellos".

Los Grigori (del griego egrḗgoroi, que significa Observadores o Vigilantes), también conocidos como hijos de Elohim; son un grupo de ángeles caídos de la mitología judeocristiana mencionados en algunos textos apócrifos Bíblicos y en el Libro del Génesis. En estos textos se menciona que los Grigori fueron seres que se aparearon con las "hijas del hombre" (en hebreo banot ha'adam); naciendo de esta unión una raza de gigantes conocida como los Nephilim. Según el Libro de Enoc, los Grigori suman un número de 200 pero sólo sus líderes son mencionados: "Estos son los nombres de sus jefes: Samyaza, que era su líder, Urakabarameel, Akibeel, Tamiel, Ramuel, Dan'el, Azkeel, Saraknyal, Asael, Armers, Batraal, Anane,

Zavebe, Samsaveel, Ertael, Turel, Yomyael y Azazyel (también conocido como Azazel). Estos eran los prefectos de los doscientos ángeles, y el resto eran todo con ellos". Algunos grupos de teólogos postulan que todos estos textos se refieren en general a estos seres como un grupo de ángeles castigados por Yahweh (ángeles caídos) por haberse enamorado y copulado con las mujeres de la tierra, y por haber enseñado a los hombres la creación de armas y el arte de la guerra principalmente, entre otros conocimientos, trayendo un desequilibrio entre los hombres. Cabe destacar que en la religión católica desde la interpretación de san Agustín de Hipona se dejó de lado esta antigua definición como ángeles, indicándose desde entonces que la expresión hijos de Dios se refiere a los descendientes de Set; y serían llamados así por su amor de Dios. En la Biblia: en el libro de Génesis, se conserva parte de este relato, en el que se habla de estos ángeles refiriéndose a ellos como hijos de Elohim que tomaron para sí mujeres, y engendraron gigantes (llamados Nephilim). El motivo según la Biblia por el cual Elohim no aceptó estos hechos estaría indicado en la siguiente frase: "No contenderá mi espíritu con el hombre para siempre, porque ciertamente él es carne; pero vivirá ciento veinte años" (Génesis 6). Siendo la interpretación de esta frase según los eruditos, de que Elohim no deseó que permaneciera para siempre su espíritu (esencia de vida) en el hombre; ya que con ello el hombre viviría mucho más de lo que desea, o viviría para siempre.

En el Libro de Enoc, además de nombrar al número y los nombres de los principales Grigori, igualmente mencionaría este relato más detalladamente; contando además el tipo de castigo que sufrieron estos seres y sus hijos. Al unir la historia de ambos textos se da a entender que el castigo de estos ángeles se habría realizado después de la creación del hombre, a diferencia de otros mitos que relacionan estos hechos con Lucifer; el cual se indica en estas creencias y leyendas que habría sido castigado antes de la creación bíblica del mundo. Sin embargo hay que tener en consideración que igualmente en el libro de Enoc se cuenta que ya antes de estos sucesos, existían castigadas siete estrellas parecidas a grandes montañas. Ellas arderían, en la prisión de las estrellas y de los poderes del cielo por haber transgredido el mandamiento de Yahweh, desde el comienzo de su ascenso, por no haber llegado a su debido tiempo; por lo cual Elohim se irritó contra ellas y las encadeno hasta el tiempo de la consumación de su culpa para siempre, en el año del misterio. En el Libro de los Jubileos (texto apócrifo escrito en tono midrásico probablemente en el siglo II o III a.C), se menciona que estos ángeles son hijos de los Elohim ('señores'), un antiguo plural mayestático del Dios hebreo, o el posible indicio de un origen politeísta del judaísmo.

En este libro se habla que estos seres eran gigantes que habían bajado a la Tierra porque carecían de compañía femenina. Los Elohím les habían enviado a la tierra para enseñar a la humanidad la verdad y la justicia, pero estos decidieron pactar y desobedecer su misión y las reglas. Este texto ofrece una versión diferente del propósito por el cual los Vigilantes bajaron inicialmente a la Tierra, y complementa la descripción de éstos seres.

"Y por esto Dios los juzgó con gran discernimiento, y ellos lloraron por sus hermanos y ellos también serán castigados en el gran día del Señor. Y yo les dije a los Grigori: "Yo vi a sus hermanos y sus trabajos, y sus grandes tormentos, y oré por ellos, pero las leyes de Dios los han condenado a estar bajo tierra hasta que el cielo y la tierra tengan su fin". Y yo dije: "¿Por qué motivo esperáis, hermanos, y no servís ante la faz del Señor?. Y no han puesto sus servicios delante del Señor, a fin de no violar totalmente a las leyes del Señor". Y ellos oyeron mi advertencia, y hablaron con las cuatro categorías del cielo, y de ahí mientras yo permanecía con esos dos hombres, cuatro trompetas pregonaron juntas a grandes voces y los Grigori rompieron a cantar a una voz, y sus voces lastimeras subieron hasta el Señor conmovedoras. Y desde allí me tomaron y me dejaron más arriba, en el sexto cielo, y vi ahí siete congregaciones de ángeles, muy brillantes y muy gloriosos y sus caras fulgurantes más que el brillo del Sol, relumbrando, sin diferencia alguna en sus caras, o comportamiento, ni en su modo de vestir; y estos ángeles crean las órdenes, y aprenden la salida de las estrellas y la alteración de la Luna y el buen gobernar del mundo [probablemente se refiera a seres con trajes espaciales]. Y cuando ellos ven malignidad, ellos crean mandamientos e instrucción, y dulces y altos cantares, y toda clase de cantos de alabanzas. Estos son los arcángeles que están en más alto lugar que los ángeles, miden toda vida en el cielo y sobre la tierra, y a los ángeles que están a cargo de las estaciones y años, a los ángeles que están sobre los ríos y el mar, y que están sobre los frutos de la tierra, y los ángeles que están sobre la grama, alimentando a todo, a cada cosa viviente, y los ángeles que inscriben a todas las almas de los hombres, y todos sus hechos, y sus vidas frente a la faz del Señor; en el centro de ellos están seis Fénix y seis Querubines y Ángeles de seis alas, y cantan continuamente a una sola voz y no es posible describir su cantar, y ellos se regocijan delante del Señor al pie de su escabel".

"Y aquellos dos hombres me levantaron desde aquí y me condujeron al Séptimo Cielo, y allí vi una muy grande luz, y encendidos ejércitos de grandes arcángeles, fuerzas corpóreas, y señoríos, órdenes y potestades, querubines y serafines y seres de muchos ojos, nueve regimientos, la estación de luz Joanti, y me entró miedo y comencé a temblar con gran terror [parece claro que vio a seres o robots con vestimentas muy extrañas para una persona sin conocimientos tecnológicos], y aquellos hombres tomaron de mí y me condujeron detrás de ellos y me dijeron: "Ten valor, Enoch, no temas", y me mostraron al Señor a lo lejos, sentado en un muy alto trono [una imagen muy física de un dios]. Porque ¿qué puede haber en el décimo cielo, si el Señor habitaba aquí?. El décimo cielo es Dios; en la lengua hebrea el dios Él es llamado Aravath. Y todos los ejércitos del cielo bajaron y colocándose en el décimo escalón de acuerdo con su rango, se inclinaron ante el Señor, y de nuevo marcharon a sus sitios en alegría y felicidad, cantando sus cantares en la infinita luz con suaves y tiernas voces, sirviéndole gloriosamente. Y los querubines y serafines de pie por doquiera del trono, los de seis alas y los de muchos ojos estuvieron de pie delante de la faz del Señor cumpliendo Su mandato, y cubrieron todo su trono, cantando con suave voz delante de la faz del Señor: "Gloria, Gloria, Gloria, Señor Regidor de los Ejércitos, los Cielos y la tierra están llenos de tu Gracia". Cuando yo vi todas estas cosas, aquellos hombres me dijeron: "Enoch, de este modo, hasta aquí nos ha sido encomendado viajar a tu lado (contigo)" y aquellos hombres se marcharon de mi lado, y desde entonces no les vi. Y permanecí solo al final del séptimo cielo y tuve miedo y caí de frente y me dije: "Triste de mí, ¡qué me ha sucedido!". Y el Señor envió uno de sus gloriosos elegidos, el Arcángel Gabriel, y él me dijo: "Ten valor, Enoch, no temas, levántate delante de la faz del Señor dentro de la eternidad, levántate, ven conmigo". Y yo le contesté y me dije a mí: "Mi Señor, mi alma se ha fugado de mi ser, de terror estremecida", y reclamo a los hombres que me trajeron y que me condujeron a este lugar, en ellos yo confío, y es con ellos que me presentaré ante la faz del Señor".

"Y Gabriel me levantó como una hoja llevada por el viento, y me dejó delante de la faz del Señor. Y yo vi el Octavo Cielo, que es llamado en lengua hebrea Muzaloth donde hacen el cambio las estaciones, de sequía, de humedad, y también de los doce signos del Zodíaco, el cual está más alto que el séptimo cielo. Y yo vi el Noveno Cielo, que es llamado en hebreo Cuchavim, donde están las moradas celestiales de los doce signos del Zodíaco. En el Décimo Cielo, "Aravoth", yo vi la imagen del Señor como hierro candente, hecho para brillar en fuego, emitiendo chispas, y ellas quemaban [parece más la imagen de alguna máquina que de un ser]. De este modo yo vi la faz del Señor, pero la faz del Señor es inefable, maravillosa, y muy impresionante y muy, muy majestuosa. ¿Y quién soy yo para hablar de la inexplicable entidad del Señor y de su muy prodigiosa faz?. Yo no puedo describir la cantidad de sus múltiples instrucciones, ni la variedad de sus voces, ni el trono del Señor, el cual es tan imponderable y no hecho por manos en su hechura; ni la cantidad de aquellos que hay a su alrededor, ejércitos de Querubines y serafines, ni de su incesante cantar, ni de su inmutable belleza ¿quién puede referir la inefable grandeza de su gloria?. Y yo fui postrado y reverencié al Señor, y el Señor me habló por sus labios: "Ten valor, Enoch, no temas, levántate y de pie frente a mí entra en la eternidad". Y el Arcángel Miguel me levantó y me llevó frente a la incomparable presencia del Señor. Y el Señor dijo a sus servidores, poniéndolos a prueba: "dejen a Enoch frente a mi Presencia dentro de la Eternidad", y los gloriosos reverenciaron al Señor, y dijeron: "Dejemos ir a Enoch de acuerdo con Tu palabra". Y el Señor dijo a Miguel: "Ve y lleva a Enoch y despójale de sus terrenas vestiduras, y úngelo con mi dulce y fragante ungüento y ponle las vestiduras de Mi

Gloria". Y Miguel ejecutó de ese modo, como lo ordenó el Señor. Él me ungió y me vistió, y la apariencia de aquel ungüento en mí era más hermosa que la brillante luz, y su ungüento es como cristalino rocío y su olor indefinible y leve, y yo me miré y me vi como uno de sus Gloriosos [probablemente lo lavaron, desinfectaron y le pusieron algún tipo de tarje espacial, como el de los otros seres]".

"Y el Señor llamó uno de sus Arcángeles de nombre Pravuil, cuya sabiduría era más rápida en entendimiento que la de los otros Arcángeles, y fue él quien escribió todos los hechos del Señor; y el Señor le dijo a Pravuil: "Saca los libros de mis archivos y una caña rápida de escribir y entrégala a Enoch, facilítale los selectos y alentadores libros que han sido escritos por tu mano [posiblemente Pravuilera algún tipo de bibliotecario tecnológicamente avanzado]". Y él me estuvo contando todas las obras del cielo, tierra y mar y de todos los elementos, sus idas y venidas, y el tronar de los truenos, el Sol y la Luna, la idas y cambios de las estrellas, de las estaciones, años, días y horas, el correr del viento, el número de Ángeles, y cómo se inspiraban sus cantares, de todas las cosas humanas, de cada canción humana y su vida, los mandamientos, instrucciones, y de las dulces voces en sus cantares y de todas las cosas que son convenientes de aprender. Y Prauvil me contó: "Todas las cosas de las que te he hablado las hemos escrito. Siéntate y escribe sobre todas las almas existentes de la humanidad, así, muchos de ellos han nacido ya; y sus sitios están preparados para ellos por toda la eternidad; porque todas las almas han sido preparadas para la eternidad, desde antes de la formación del mundo". Y todo es doble, treinta días y treinta noches, y yo escribí todo exacto como me fue dictado, y escribí un total de trescientos sesenta y seis libros. Y el Señor me citó y me dijo: "Enoch, siéntate a mi lado izquierdo, con Gabriel". Y yo me incliné delante del Señor, y el Señor me habló: "Enoch, amado, todo lo que tú ves, todas las cosas que permanecen de pie, terminadas ya te las digo aún antes de su principio, todo lo que he creado de lo que no existe, y de cosas visibles e invisibles". "Oye Enoch y toma en este dicho mis palabras, porque ni aún a mis ángeles he contado mi secreto, y yo tampoco les he dicho de su ascensión, ni de mi infinito dominio como tampoco ellos han entendido mi acción creativa que hoy te la digo a ti". "Porque desde antes de que todas las cosas fueran visibles, sólo yo acostumbraba adentrarme en las cosas invisibles; como el Sol se mete de Este a Oeste, y de Oeste a Este". "Pero hasta el Sol consigue paz en sí, mientras yo no encontraba paz en mí, porque yo estaba creando todas las cosas, y yo concebí la idea de asentar fundamentos y de crear visibles creaciones".

"Yo ordené que de los sitios muy bajos, que las cosas visibles bajen de lo invisible, y Adoil bajó muy majestuoso, y yo le observé, y ¡he ahí! Que traías un vientre lleno de gran luz". Y yo le dije: "Ábrete, Adoil, y deja que lo visible salga fuera de ti". "Y él se abrió y una gran luz salió fuera [¿quién o qué es este misterioso personaje?}. Y yo estaba en el medio de la gran luz, y así fue cómo nació la luz de la luz, de ahí surgió entonces un gran período, y mostró lo que es creación, la cual enseñé yo a crear". "Y yo vi lo que lo que había creado era bueno". "Y yo instalé un trono para mí, y tomé asiento en él, y le dije a la luz: "Ve tú allá arriba y te fijas por ti misma en la altura sobre el trono del Señor, y sé el fundamento de los grandes eventos". "Y sobre la luz, allá, no existe nada más, y entonces me incliné y miré arriba desde mi trono. Y yo ordené de los sitios muy bajos por segunda vez, y dije: "Deja que Archas se proyecte con fuerza". Y de lo invisible, Archas se proyectó con fuerza, pesado, muy rojo.

Y yo dije: "Ábrete Archas, y deja que de ahí, nazca de ti", y él se abrió, una Era surgió adelante, muy poderosa y muy obscura, gestando la creación de todas las cosas bajas. Y yo vi que esta obra era buena y le dije a él: . "Ve tú más abajo, y hazte firme, y sé un pedestal para las cosas bajas", y así fue, y él se fue abajo y él mismo se fijó, y fue el principio para las cosas comunes, y más bajo que la obscuridad no hay nada más. Y yo ordené que se tomara de la luz y de la obscuridad, y yo dije: "hazte sólido, y así se hizo, y yo la esparcí con la luz, y se hizo el agua y la esparcí sobre la obscuridad debajo de la luz , y entonces hice firme el agua, es decir el sin-fondo, y yo hice fundamento de luz alrededor del agua y creé siete círculos de su adentro, e imagina tú el agua como cristal húmedo y seco, es como decir de vidrio, y la circuncisión de las aguas y los otros elementos, y yo di a cada uno de ellos su camino, y a las siete estrellas cada una de ellas su cielo, y que ellas fueran de este modo, y yo vi que lo así creado, era bueno. Y yo separé entre la luz y entre la obscuridad, es decir, en todo el centro del agua, acá y allá, y yo le dije a la luz, que ella debía ser el día, y a la obscuridad, que ella sería la noche, y ahí también hubo tarde y también amanecer el primer día"

Como conclusión de este capítulo te podría decir que Enoc es un nombre propio masculino en su variante en español. Procede del hebreo אנוך y significa dedicado, buscar , estudiar , investigar. Enoc es el único de la genealogía antediluviana del que no se dice que murió. Esto fue debido a que le llevó Dios (Génesis 5:18-24)

Dios toma a Enoc, como en Génesis 5:24: "Y Enoc anduvo con Yavé, y desapareció porque Yavé se lo llevó" (KJV) ilustración de Figuras de la Biblia (1728); ilustrado por Gerard Hoet (1648–1733) y otros.

Capítulo 6

Celtas, Druidas,...una tierra de extensas comarcas verdes y neblinas.

Lugh, ...artesano de tu misma vida, debes brillar.

Procedían originariamente de Asia y formaron el tronco, como miembro del pueblo indogermánico, que se estableció en el occidente de Europa, en el siglo XX a.C. ya habitaban el centro y norte de Europa. Para el año 1000 a.C. se extendieron por las Islas Británicas, norte de Francia, parte de Suiza y norte de Italia. Invadieron España en el siglo IX a.C. Su lengua era indoeuropea, de la cual se conservan escasos registros literarios.

Para el siglo IV a.C. fueron desplazados del centro y norte de Europa, a consecuencia de las llegadas de otros pueblos, los grupos germánicos

Desarrollaron las denominadas culturas de Hallstatt y La Tène. La primera se manifestó en el primer período de la Edad del Hierro. Tomó el nombre de una localidad de la Alta Austria. Se originó a partir de la Edad del Bronce, en donde el hierro sustituyo al otro material en la fabricación de elementos como espadas, puntas de lanzas, hachas agujas, recipientes, cuchillos y puñales.

La Tène es la cultura celta de la segunda Edad del Hierro estructurada en tres o cuatro períodos. Se desarrolló entre la Hallstatt y la conquista romana (450 a 50 a.C.). Aquellos que compartieron esta civilización se destacaron por la elaboración de elementos como grandes espadas, escudos alargados, grandes hebillas, fíbulas, construían sus fortificaciones en las cumbres y acuñaron su propia moneda.

Los monumentos más característicos de los Celtas eran los Dólmenes (del gaélico tohl: mesa y maen: piedra), Menhires (del gaélico maen: piedra y hir: alta o erguida), Trilitos. Los primeros describen un megalito compuesto por una roca plana, en forma de laja, puesto horizontalmente sobre dos o más pilares verticales de piedra; los otros se refieren a una roca aislada de tres a ocho metros de alto. También se destacaron las imponentes tumbas megalíticas desarrolladas en las modalidades de atrio, de galería, de portal o la combinación de estos. Una consideración especial merece la célebre y misteriosa formación de alineamientos megalíticos de Stonehenge, a 13 km. al norte de Salisbury, una ciudad del condado de Wiltshire, al sur de Inglaterra. Excavaciones y mediciones con carbono 14 demostraron que posee una historia excepcionalmente prolongada de uso como centro ritual o religioso. Su construcción abarcó cinco etapas, donde la primera tuvo inicio en el 2800 antes de Cristo.

A diferencia de los romanos, que construían sólo dentro de los límites de la ciudad y cerca de sus famosas rutas –como la Vía Apia-, los Celtas construían en torno a la naturaleza, por eso vivían más en contacto con ella.

También fueron portadores de la denominada cultura urnenfelder o "campos de urnas". Habitaban en poblados situados en montículos de fácil defensa, llamados – en Galicia – castros, con las viviendas distribuidas irregularmente. Su economía era cerrada, pastoril y ganadera.

Los guerreros y pastores estaban organizados en una gran variedad de tribus, clanes y grupos. Socialmente se desarrollaron progresivamente, diferenciándose en clases sacerdotal (druidas), nobles, comerciantes y campesinos.

Los días especialmente significativos para un pueblo dicen mucho de él. El 1° de SAMONIS, que significa "reunión", y es el equivalente a nuestro primero de noviembre, los celtas iniciaban el año. La llegada del cristianismo lo transformó en el día de Todos los Santos (y todos los Difuntos). SAMONIS se hizo samuin o SAMAIN en irlandés antiguo, y samhain [sâuñ] en el moderno.

Ese día, además, se celebraba el encuentro amoroso, a orillas de un río, de Morirîganî con Teutatis, el Dios de la Tribu, padre de los hombres y señor del mundo inferior. Ella era la diosa única céltica, en su aspecto de señora del mundo inferior y de la guerra, "la Reina de espectros". La versión de esa pareja para los irlandeses eran Moririan y Dagda; en las Galias (Francia) se llamaban Sucellos y Herecura; y en Hispania, Endovellicos y Ataicina. La cita amorosa tenía una consecuencia importante, pues la diosa le proporcionaba a su amado los secretos para salir victorioso en la próxima batalla mítica.

Para el folklore, Hallowe'en, recuerda que es, en el hemisferio norte, el comienzo del año oscuro. Los celtas, como otros pueblos antiguos, empezaban los ciclos temporales por la mitad oscura: la jornada tenía su inicio con la caída del sol y el año con el principio del invierno (boreal).

Un punto de vista interesante para tener en cuenta es que este festival se asociaba con el aire. Agua, fuego, tierra y aire no eran solo los elementos fundamentales de los griegos presocráticos, sino que como categorías de aprehensión de la realidad fueron de todos los indoeuropeos y también de muchas otras culturas.

Las otras festividades celtas eran: Ambiwolkà ("circumpurificacion"), hacia el primero de febrero, correspondía al agua. Belotenià ("fuego brillante"), que giraba en torno de los fuegos de primavera, el 1° de mayo, una fiesta aún celebrada el siglo pasado por los campesinos de Europa como la fiesta de los Mayos y hoy curiosamente reciclada en el día del Trabajo. Lugunàstadà ("matrimonio de Lugus") era la celebración del matrimonio sagrado del dios-rey Lugus con la Tierra el 1° de agosto. SAMONIS tenía que ver con el aire, es decir, con los espíritus.

El impulso romano de un lado y de otro el germano, quebrantó el imperio de los celtas en la Europa central hasta someterlo. Quedaron en las costas occidentales con sus caracteres vivos aunque dominados.

Una característica que facilitó su dominio pero que, a la vez, permitió la continuidad de su cultura, fue la ausencia de un verdadero estado celta a causa de la primacía de las estructuras tribales y familiares. Esta división los hacía militarmente débiles ante invasores bien organizados, como por ejemplo los romanos –a los que sin embargo les llevó años conquistarlos -, paradójicamente sucedía lo contrario con las costumbres y los valores, protegidos de influencias externas por los fuertes vínculos parentales, en donde el clan estaba por encima de toda organización estatal, y unificaba y cobijaba a sus miembros.

Por eso no resulta extraño que los pueblos con influencia cultural celta conformen distintos estados y hasta hablen diferentes idiomas. Esa antigua unión se manifiesta entre los diferentes intérpretes de la actualmente denominada música celta, ya que no comparten la nacionalidad ni la lengua, pero conforman una misma cultura, por ejemplo: The Chieftains, Carlos Núñez, Loreena McKennitt, Scottish Pipes & Drums, Edimburgh Military Tattoo, Tannahil Weavers, Battlefield Band, Milladoiro, Lyam O'Flynn, Planxty, Real Banda de Ourense, Bothy Band, Silly Wizard, Clannad, Altan, Xeito Novo, entre otros

La unidad se manifiesta en el folklore, en el sentido religioso de los aspectos naturales panteístas, que el cristianismo aprovechó con certeza a la hora de la conversión de estos pueblos, y en los inmortales temas artísticos.

Los celtas eran entusiastas degustadores de los placeres de la buena mesa. El vino era la bebida de las clases más altas pero el pueblo tomaba corma, que era cerveza de trigo mezclada con miel, muy utilizada en los banquetes, los cuales eran muy frecuentes en tiempos de paz. En estos festines los bardos tocaban sus liras y cantaban canciones sobre trágicos amores y héroes muertos en combate. Para comer utilizaban los dedos y ocasionalmente se acompañaban de un puñal para los trozos de carne difíciles de cortar. Su comida típica incluía cerdo cocido, buey, vaca y jabalí, todo ello acompañado con miel, queso, mantequilla y, por supuesto, corma –cerveza- y un buen vino.

También eran muy aficionados a un juego de mesa llamado fidchell, parecido al ajedrez, aunque se jugaba con estacas. Admiraban la artesanía experta y las hazañas intelectuales –sobre todo cuando se exhibía una prodigiosa memoria-. Tenían el ideal de una sociedad heroica, pero vivieron como prósperos ganaderos y agricultores, ocupados a menudo en el robo de ganado.

En general, como principal característica de su aspecto físico, eran altos de cabellos castaños y ojos grises. La barba larga era común, al igual que los bigotes espesos y caídos. Las mujeres trenzaban sus largos cabellos y a veces lo recogían en complicados peinados, eran generalmente aficionadas en exceso a los adornos, utilizaban collares, brazaletes y pequeñas campanas que cosían en los bordes de sus túnicas. También llevaban capas con dibujos de rayas o cuadros de brillantes colores, quienes tenían mayores recursos las usaban con bordados de oro y plata. Los hombres utilizaban un collar en el cuello llamado torques, que de acuerdo al status social era de bronce, plata u oro.

Se cuidaban en su apariencia ya que la obesidad era algo repugnante para los celtas. "Tratan de no engordar ni de ponerse panzudos", escribió el griego Estrabón, "y ningún joven es perfecto si excede la longitud fijada del cinturón.

Habitaban en aldeas situadas en zonas elevadas para facilitar su defensa en caso de ataque, y se denominaron castros, que los romanos llamaron oppida u oppidum. Estos asentamientos estaban fortificados con paredes macizas de tierra, trabadas interiormente con soportes de madera, y con su parte exterior rodeada por un foso. En el interior se construían chozas adosadas a la muralla, lo cual les proporcionaba una mayor solidez. Las casas generalmente eran de forma circular y se hallaban dispuestas sin ningún orden establecido en la ciudad. Además efectuaban numerosas construcciones de carácter religioso fuera de los límites de los castros y en torno a la naturaleza, por ello vivían muy en contacto con ella. Estos monumentos eran llamados Dólmenes, Menhires, Trilitos, construidos sobre piedra, terminados sobre dos columnas y una piedra grande en forma horizontal que le daba terminación.

Eran un pueblo guerrero por naturaleza, capaces de luchar de manera muy ruda unos contra otros por un insulto o por el simple placer del combate. Las mujeres eran tan belicosas como sus maridos, "toda una tropa de extranjeros sería incapaz de oponer resistencia a un solo galo si éste llamara a su mujer en su ayuda", según advertía el romano Ammianus Marcellinus a sus compatriotas. Esta ferocidad era alimentada por los druidas en tiempos de guerra mediante los citados sacrificios humanos, destinados a impresionar y asustar – como demuestran los cronistas griegos y latinos- a sus enemigos. Pero fueron conquistados por los romanos porque carecían de una estrategia militar, peleaban llevados por su fervor guerrero, a tal punto que tenían la costumbre de pelear sólo con sus armas, un cinturón y su torques.

Sin embargo tardaron años en derrotarlos y nunca pudieron dominarlos completamente porque mantuvieron su cultura viva, su amor a la libertad, a su tierra y sus clanes. Sentimientos que se trasmiten en el arte, los mitos y las leyendas, y de manera muy especial en la música de sus gaitas, un instrumento emblemático de estos pueblos, ya que para poder apreciarla en su plenitud hay que tocarla al aire libre. Los acantilados, ante el escenario inmenso del mar, y las altas montañas son el marco ideal para que su voz, extrañamente alegre y melancólica a la vez, resuene en los valles o en las cumbres e inunde de una dulce placidez el alma humana.

Lugh un gran dios del Olimpo celta, además, de ser representado como un joven apuesto, la historia narra que él fue la divinidad solar de los bosques. También, era conocido por poseer poderes ilimitados, ser una persona totalmente dotada en todos los talentos y el poder ejercer todo tipo de funciones.

Del mismo modo, se dice que Lugh fue la divinidad de la tierra, el patrón de todos los artesanos, de las artes manuales, de los viajes, de la acuñación de la moneda y para finalizar del comercio.

El nombre de Lugh proviene de una palabra indoeuropea, la cual representa diversos significados como: iluminoso, blanco y de alguna manera cuervo, se dice que este animal puede estar vinculado con él, puesto a que este siempre le acompañaba a donde quiera que él fuera.

Gracias a que, Lugh solía mostrar un desempeño en todo lo que realizaba y siempre sobresalía, Julio César no pudo contenerse y lo asimilo con el mercurio romano.

Fue uno de los dioses Celtas que son festejados en su honor debido a que, Lugh era conocido como el dios del sol y este se encargaba de darle todas sus energías a las cosechas, es por ello, que en la antigua península Ibérica, durante la antigüedad celebraban fiestas en su honor las cuales eran llamadas "Lughnasad".

Este tipo de festividades las realizaban a finales de verano y normalmente eran de noche, para que en este transcurso comenzaran a crecer los frutos y los granos con el fin de poder recolectarlos a la mañana siguiente.

Stonehenge es un monumento megalítico tipo crómlech, además de otros elementos como hoyos, fosos, montículos, etc.

Lugh o Lugus no es el dios supremo, sino un dios «sin función», porque tiene todas las funciones. Por esta razón también es conocido como: Samildanach o el múltiple artesano de la mitología celta.

Capítulo 7

Los Helenos,...los cuatros pilares de su Historia.

Arte, Ciencia, Filosofía y Religión...cuatro pilares que debes buscar.

Período cosmológico. Se basaba en el pensamiento racional o logos. Tales de Mileto es el representante de este período y es considerado por Aristóteles como el primer filósofo.

Período antropológico. Aquí se destacó el aporte de Sócrates. Para él, el conocimiento no sirve como simple acumulación de información. A Sócrates se le conoce por su poder de oratoria. Se centrarán en la ética, política, normas leyes y sociedad.

Período metodológico. Aquí los grandes representantes fueron: Platón y Aristóteles. A este periodo se le atribuyen la concepción de los grandes aportes filosóficos.

Período helenístico. Su preocupación es básicamente las cuestiones éticas.

Los majestuosos iniciadores del pensamiento como así lo caracterizaron muchos historiadores, estuvieron ubicados en la isla de Creta, al sudeste del Peloponeso. Cerca del año 2100 A.C los Aqueos, pueblo tradicionalmente guerrero, invade y somete a los cretenses (pueblo originario de esta isla). Así comenzó a desarrollarse la civilización minoica.

Posteriormente los Aqueos se expanden por toda la península. Más tarde la civilización se expande hacia el sur de

Italia y costa occidental de Asia menor. Estos dos lugares son conocidos como la Magna Grecia. Los habitantes de esta civilización antigua se llamaban a sí mismos helenos.

Este pueblo griego se destacó por su gran desarrollo de la arquitectura y la escultura. Es considerada como la cultura base de la civilización occidental dado que de allí parte la estructura democrática como la conocemos hoy en día. Esta cultura tuvo una gran influencia sobre el imperio romano. A continuación, y en forma de resumen de la civilización griega, exponemos las características principales.

El área donde se ubicaban era montañoso y árido, sin embargo los griegos optaron por instalarse en los valles de dicha región. Dadas estas características tuvieron que dominar la navegación para su supervivencia.

La civilización griega estaba compuesta de pequeñas aldeas que posteriormente se trasformaron en polis (ciudad-estado). Entre las polis más importante se halla Atenas y Esparta. Cada polis poseía sus propias leyes y organización interna. Nace aquí el sistema democrático. Sin embargo todas estas polis tenían varias cosas en común: todas hablaban la misma lengua: el griego, compartían las misma creencia religiosa, compartían un sentimiento

por la conservación de los juego panhelénicos. De allí nacen los juegos olímpicos de la actualidad.

En cuanto a la educación, esta civilización era pionera respecto de otras culturas antiguas. Si bien la educación era privada, también existieron centros de educación pública donde podían acceder varones para aprender a leer y escribir. Las niñas también tenían acceso a un tipo de educación basada en la aritmética, ciencia que esta civilización remarcó como de gran importancia.

Su alimentación se basaba en legumbres, aceitunas y sus derivados. También comían cebolla, manzanas, higos, pescado, calamar y mariscos.

El arte comienza con pequeñas esculturas realizadas en madera. Luego comenzaron a trabajar el mármol, y posteriormente se destaca su evolución con ambos materiales.

Hipócrates es considerado el padre de la medicina. Él rechazaba las interpretaciones religiosas sobre las enfermedades, y tenía una visión propia analítica e intuitiva para el descubrimiento y los avances de la medicina, uno de los tantos aportes de la civilización griega.

Esta civilización hace gran hincapié en la escritura, de allí deriva que se tenga mucha información sobre ellos. De todos modos (y paradójicamente) cabe destacar que el tipo de trasmisión cultural de aquella civilización no era la escrita sino más bien la verbal.

Los griegos eran politeístas, es decir creían en la existencia de muchos dioses. Estos dioses vivían en el Monte Olimpo. Ellos podían desposar a mujeres humanas y así crear seres semi-mortales. De este modo los dioses intervenían constantemente en la vida cotidiana de los griegos creando amistades o enemistades con los mortales.

Cuando se trata de hablar de la leyenda del Minotauro y el laberinto, se cree que el nombre de esta civilización (civilización monoica) deriva del Rey Minos. Minos era hijo de la diosa Europa y Zeus. En una oportunidad Minos recibe un regalo de Poseidón (Dios del mar y hermano de Zeus). Este obsequio era un hermoso toro blanco. El objetivo de Poseidón era que Minos lo ofreciera en sacrificio para aquel. Pero Minos decide quedarse con el bello animal y ofrece en sacrificio a otro toro.

Cuando Poseidón se entera de lo ocurrido se enfurece y decide castigar a Minos, hechizando a su esposa, Pasífae. Tras el hechizo Pasífae comenzó a tener incontrolables deseos sexuales por el toro. Ella, en su deseo desmedido por ser poseída por el toro, acude a Dédalos, inventor griego que le fabrica una armadura con forma de vaca. De esta unión nace una criatura con cuerpo humano y cabeza de vaca que dio origen al minotauro.

Por esta leyenda en Creta y otras zonas de la civilización griega adoraban a los toros y a los minotauros, junto con la escultura y la arquitectura, otro de los grandes aportes de esta civilización fue el pensamiento filosófico. Comenzó aproximadamente en el siglo VI A.C y finalizó en el año 30 A.C.

En la antigua Grecia, Orfeo cuyo nombre significa el que cura con la luz, despertó el sentido de la divinidad con su lira de siete cuerdas, o heptacordio, que simboliza el saber vibrar en las siete notas fundamentales del universo, las cuales, en música, corresponden a las siete notas musicales, en el hombre a los siete chacras principales, mientras que en el sistema solar corresponden a los siete planetas sagrados tradicionales.

Cada cuerda de este instrumento corresponde a una vibración particular del ser humano, estimula una determinada energía latente en el chacra respectivo y la despierta. En la antigua Grecia de Orfeo había dos religiones distintas: la de los Dioses del Olimpo, o celestes (Zeus, Hera, Apolo, Atenea, etc.), y la de las divinidades ctónicas o infernales (Deméter, Perséfone, Hécate, Hades, etc.). Es la segunda la que atañe las profundidades interiores del alma y con sus Misterios introduce en sus secretos los Misterios Menores.

Los Misterios de Eleusis fueron fundados por Eumolpo, y contenían una serie de ceremonias y representaciones dramáticas en las que la diosa Deméter estaba representada como personaje principal, mientras Perséfone escenificaba una pantomima muda. Los espectadores eran cautivados y acongojados emocionalmente por la magia de las palabras y por la música, que evocaba lo invisible e insondable dentro de ellos, y reconocían en Perséfone el símbolo de su alma inmortal.

En las cuatro grandes divinidades se simbolizaban los cuatro elementos de siempre: en Hades la Tierra, que corresponde al cuerpo del hombre; en Poseidón el Agua, que corresponde en el hombre la sangre; en Dionisio el Fuego, que en el hombre corresponde a la conciencia del yo; en Zeus el Aire, que en el hombre corresponde a los sentimientos humanos.

Al lado de los Misterios de Eleusis, que ella existi8an, Orfeo instituyo los misterios de Dionisio y difundió su culto. Dionisio, el Yo cósmico, fue destrozado y despedazado (igual que Osiris por los Egipcios, simbolizando en ello la caída de Adam) por los titanes o fuerzas de la naturalezas. Atenea, la sabiduría divina nacida del pensamiento de Zeus, salvo su corazón y se lo entrego a Zeus, así como Isis en Egipto recogió los miembros de Osiris que Seth, dios de la fuerza bruta de la naturaleza, había esparcido por la tierra y los volvió a juntar. Pero no pudo encontrar sus genitales, la pura energía creadora, que se había perdido. De los vapores del cuerpo destrozado de Dionisio que arde en la pira nace la humanidad de hoy, heredera decaída y sin su corazón, que custodia Zeus, y que se pueden alcanzar, por medio de Atenea,. La sabiduría: en efecto de él nacen los genios y klos héroes, según Orfeo.

Por ello queridísimo amigo nosotros los que habitamos Ñande roga, tenemos latentes el fuego, así como Vulcano o Efesto es el fuego latente de la tierra y vive espiritualmente en el reino de los muertos, en el Hades, como una sombra sobre esta tierra. Pero si por medio de Dionisio se embriaga con bebidas alcohólicas(transmutación del elemento agua en elemento aire) , que frena la mente pensante, entonces se abre a su personalidad inferior el acceso a la mente superior intuitiva, obrándose una transformación que permite volar en la visión de los mundos sutiles, y el hombre terrenal Dionisio se convierte en el Dionisio divino, el Adam caído se convierte en el Adam celeste, y tenemos entonces en los dos aspectos de Dionisio en cuanto a lo divinidad infernal por un lado y divinidad celestial por el otro, aspectos que corresponden al hombre, o Dionisio, antes y después de su transformación o transmutación de ser terrenal a ser espiritual.

Después de todo esto vino la esencia del sistema pitagórico que lo podemos encontrar en los versos áureos de lisis y en el Timeo de Platón. En la doctrina de Pitágoras encontramos un compendio orgánico donde se refleja tanto el esoterismo de la India como el de Egipto, mientras en el mismo periodo en otros lugares se divulgaban doctrinas parecidas: la de Lao-Tzu en china, la de sakyamuni en la India, la del Rey Numa en Roma.

Templo de Apolo en Delfos, que se remontan al siglo IV a. C, así se veía cuando se mantuvo en pie, con la inscripción nosce te ipsum. (niégate a ti mismo)

Capítulo 8

La serpiente emplumada, México una tierra de innumerables tesoros.

Culturas serpentinas, la llave del arcano ocho.

La Serpiente emplumada: Una de las ruinas más conocidas de la cultura mexicana fue la de los dioses Olmecas la cual está ubicada en la zona de la costa golfo de México, al norte de tabasco y al sur de Veracruz. Entre sus dioses destacaron el dragón la serpiente Emplumada, a la que los dioses mayas llamaron Kukulkán. En el caso de los Toltecas, retrataban a la serpiente emplumada como Quetzalcóatl.

Con sus creencias mágicas lograron que los pueblos de América Central consideraran todo lo que les rodeaba, mantenían importancia a los seres vivos, las cuevas, los manantiales, los árboles y las montañas, donde hacia vínculo entre el cielo con la tierra dando lugar a los espíritus.

Ahora bien, los dioses estaban representados por especies de animales como: serpientes, aves, cocodrilos e insectos donde a su vez podían combinar sus aspectos en mitad animal y mitad hombre dando origen a sus poderes.

Serpiente Emplumada fue originada en Mesoamérica conocida como el quetzal o serpiente emplumada, representada algunas veces como símbolo de muerte y resurrección, y asociado al planeta "Venus".

Esta cultura combina lo terrenal y celestial, mezclando la serpiente emplumada un símbolo universal de fertilidad, con movimientos y de energías telúricas.

Como resultado intermediario mandaban un ave que les era mensajera a los hombres con los dioses, por esta razón fue representado como el dios principal del pueblo en Mesoamérica.

Dentro de su reinado, se realizaban ciertas rutinas tales como: los Baños rituales, rezos, auto sacrificios que se vinculaban con la vida sacerdotal.

Presta atención amadísimo lector que en este capítulo encontraras el comienzo de una de las tantas llaves que abrirán tu reino y que por ti mismo deberás buscar para seguir conociendo y aprendiendo. Por eso la Serpiente es el símbolo esotérico de la Sabiduría y del Conocimiento Oculto. La Serpiente ha sido relacionada con el Dios de la Sabiduría desde los antiguos tiempos.

La Serpiente es el símbolo sagrado de Thot y de todos los Dioses Santos tales como Hermes, Serapis, Jesús, Quetzalcóatl, Budha, Tláloc, Dante, Zoroastro, Bochica, etc., etc., etc.

Cualquier Adepto de la FRATERNIDAD UNIVERSAL BLANCA puede ser figurado debidamente por la "Gran Serpiente", que ocupa un lugar tan notorio entre los símbolos de los Dioses en las piedras negras que registran los edificios Babilónicos.

Esculapio, Plutón, Esmun, Knepp, son todos Deidades con los atributos de la Serpiente, dice Dupuis, todos son sanadores, dadores de salud espiritual y física, y de la iluminación.

En la India de Krishna, de Gandhi ; los Brahmanes obtuvieron su cosmogonía, ciencia y artes de culturización por los famosos "Naga-Mayas", llamados después "Danavas"; los "Nagas" y los "Brahmanes" usaron el símbolo sagrado de la Serpiente Emplumada, emblema indiscutible Mexicano y Maya. Los UPANISHADS contienen un tratado sobre la Ciencia de las Serpientes, o lo que es lo mismo, la Ciencia del Conocimiento Oculto.

Estos "Nagas" (Serpientes) del Budhismo Esotérico, son Hombres Auténticos, Perfectos, Auto-Realizados, en virtud de su conocimiento oculto y protectores de la Ley del Budha por cuanto interpretan correctamente sus doctrinas metafísicas.

El Gran Maestro de maestros que piso Ñande roga fue Jesús de Nazaret que jamás hubiera aconsejado a sus discípulos que fuesen "TAN SABIOS COMO LA SERPIENTE", si ésta hubiera sido un símbolo del Mal. También tenemos que recordar a los Ofitas, los Sabios Gnósticos Egipcios de la "FRATERNIDAD DE LA SERPIENTE", nunca hubieran adorado a una culebra viva en sus ceremonias como emblema de la Sabiduría, la Divina Sophia, si ese reptil hubiese estado relacionado con las Potencias del Mal. La serpiente o logos salvador inspira al hombre para que reconozca su identidad con el logos y así retorne a su propia esencia, que es ese logos.

La Serpiente Sagrada o Logos Salvador duerme acurrucada en el fondo del ARCA, en acecho místico, aguardando el instante de ser despertada. Por eso recuerda que entre los Hindúes llaman a esa energía KUNDALINI, la Serpiente Ígnea de nuestros Mágicos Poderes, enroscada dentro del Centro Magnético del coxis (base de la espina dorsal) es luminosa como el relámpago. Si estudiamos Fisiología Esotérica a lo Náhuatl, o a lo Indostán, enfatizan la idea trascendental de un Centro Magnético maravilloso ubicado en la base de la columna vertebral a una distancia media entre el orificio anal y los órganos sexuales. Este centro del "CHAKRA MULHADARA" hay un cuadro amarillo invisible para los ojos de la carne pero perceptible para la Clarividencia o Sexto Sentido; tal cuadrado representa según los Hindúes el Elemento Tierra. Y dentro del citado cuadrado existe un "Yoni" o "Útero" y que en el centro del mismo se encuentra un "Lingam" o "Phalo" erótico en el cual se halla enroscada la Serpiente, misteriosa Energía Psíquica llamada Kundalini.

La estructura esotérica de tal Centro Magnético, así como su posición insólita entre los ÓRGANOS SEXUALES y el ano, dan basamentos sólidos irrefutables a las Escuelas Tántricas de la India y del Tíbet. Es muy evidente que a las claras mediante el sahaja maithuna o magia sexual puede ser despertada la serpiente.

La Corona formada de un áspid, el Thermuthis, pertenece a Isis, nuestra DIVINA MADRE KUNDALINI PARTICULAR e individual, pues cada uno de nosotros tiene la suya. La Serpiente como Deidad Femenina en nosotros, es la esposa del Espíritu Santo, nuestra Virgen Madre llorando al pie de la Cruz Sexual, con el corazón atravesado por 7 Puñales. La Serpiente de los Grandes Misterios es el aspecto femenino del Logos. Dios Madre, la esposa de Shiva, ella es Isis, Adonía, Tonantzín, Rea, María o mejor dijéramos Ram-Io, Cibeles, Opis, Der, Flora, Paula, IO, Akka, la Gran Madre en sánscrito, la Diosa de los Lha, Lares o Espíritus de aquí abajo, la angustiada Madre de HUITZILOPOCHTLI, la Ak o Diosa Blanca en Turco, la Minerva Calcídica de los Misterios Iniciáticos, la Akabolzub del Templo Lunar de Chichen-Ytza (Yucatán), etc., etc.

Eliphas Levi afirmaba que el tarot es un texto oculto, y en efecto indica también el proceso de la Gran Obra alquímica que se transparenta en sus 21 arcanos mayores, los cuales dan a cada uno una clave o revelación misteriosa, que se ha de utilizar viviéndola como una experiencia personal.

Fíjate donde estamos parados sobre el capítulo 8 por eso en el Arcano 8 encontramos la OCTAVA LLAVE DE BASILIO VALENTÍN. No hay duda de que fue un gran Gnóstico. El Evangelio de Valentín es admirable, la Octava Llave se refiere a los procesos de la Vida y de La Muerte en la Piedra Filosofal, cincelada con el martillo de la Inteligencia y el cincel de la Voluntad.

La Octava Llave es una alegoría Alquímica, clara y perfecta de los procesos de la Muerte y Resurrección que se suceden inevitablemente en la preparación esotérica de la Piedra Filosofal que está entre las columnas Jachín y Boaz. Hay que pulir la piedra bruta para transformarla en cúbica.

La piedra es Pedro y se refiere a las benditas Aguas del Amrit. En las aristas y ángulos perfectos de la Piedra vemos al hombre que trabajó con Amrit. La Piedra Bruta y la cincelada están situadas a la entrada del Templo, atrás de las columnas. LA PIEDRA CINCELADA está a la mano derecha, su particularidad es que tiene "Nueve Ángulos" formando "CUATRO CRUCES". Quienes levantan el Templo sobre las arenas fracasan, hay que levantarlo sobre la Peña Viva, sobre la Piedra. Todo material humano empleado en este trabajo muere, se pudre, se corrompe y se ennegrece en el Huevo Filosofal, luego se blanquea maravillosamente.

Es decir, dentro de nosotros muere lo Negro, luego aparece lo Blanco, lo que nos hace Maestros. Recordemos por un instante el trabajo en la Novena Esfera, la Disolución del Yo. Recordemos el trabajo de la Región Purgatorial, los Iniciados ahí aparecen como cadáveres en putrefacción, porque todas esas Larvas, que están metidas dentro de nosotros afloran, dando a los Cuerpos del Iniciado apariencia de cadáver en descomposición.

En la Octava Llave, ilustración del Viridarium Chymicum, la Muerte está representada por un cadáver, la Putrefacción por unos cuernos, la Siembra por un humilde agricultor, el crecimiento por una espiga de trigo, la Resurrección por un muerto que se levanta del sepulcro y por un Ángel que toca la trompeta del Juicio Final.

Todo esto representa que debe morir en nosotros "El Ego", el Mí Mismo hasta quedar Blancos, Puros, Limpios, Perfectos. La Putrefacción es cuando uno está metido en la Región Purgatorial, representada por los cuernos, ahí aparece un cadáver en putrefacción, con repulsivas formas animalescas, reptiles, arañas, gusanos inmundos, larvas horribles. Con ayuda de la madre divina Kundalini aquellas formas animalescas son reducidas a polvareda cósmica.

Después que se han incinerado las Semillas del Ego, con la Purificación de la podredumbre en el Purgatorio, el Iniciado se baña en los ríos Leteo y Eunoe, resplandeciendo sus Cuerpos maravillosamente. Luego debe ser confirmado en el Sexo-Luz y después viene la Resurrección Iniciática, representada por el Ángel que toca la trompeta. Jesús después de su Resurrección instruyó a sus discípulos durante muchos años.

Lo interesante es que toda esa podredumbre se efectúe en el Huevo Filosofal (el Sexo). Uno viene a ser confirmado por la Luz en la Octava Llave de Basilio Valentín. Después de lograr el NACIMIENTO SEGUNDO se prohíbe el Sexo y se le dice al Maestro: "Tú no puedes volver a trabajar en la Novena Esfera porque entonces resucitaría el Yo y habéis quedado libre de él, tus pruebas esotéricas han terminado y te queda prohibido el

Sexo para toda la Eternidad". El Sexo es la parte más baja de la Iniciación, si es que queremos llegar a la Iluminación, a la Auto Realización hay que rasgar el Velo de Isis que es el Velo Adámico Sexual.

En el Huevo Filosofal (el Sexo) que representa el germen de toda vida se halla contenido todo el trabajo de la Gran Obra. Los Principios Sexuales Masculinos-Femeninos se hallan contenidos en el Huevo. Así como del huevo sale el pichón; así como del Huevo de Oro de Brahama sale el Universo, así también del Huevo Filosofal sale el Maestro, por eso se dice que son hijos de las piedras y se les rinde culto a las piedras.

Los Gnósticos saben que el cadáver, la Muerte de la Octava Llave, representa a los Dos Testigos del Apocalipsis (11: 3-6) que ahora están muertos. Mediante la Putrefacción Alquimista, representada por los cuernos, mediante los trabajos de la Alquimia, resucitan los DOS TESTIGOS. Todo el poder se halla encerrado en la Espiga del Trigo. El Ángel Sagrado que llevamos dentro toca su trompeta y los Dos Testigos se levantan del sepulcro. Los Dos Testigos son un par de cordones simpáticos, semi-etéricos, semi-físicos, que se enroscan en la Médula Espinal formando el Caduceo de Mercurio, el Ocho Sagrado, el signo del Infinito y que son conocidos en el Oriente como Ida y Pingalá.

El Ocho es el Número de Job, el hombre de Santa Paciencia. Este número representa la vida y sacrificio de Job que es el camino que lleva el Iniciado hasta el Nacimiento Segundo. Las pruebas son muy duras; necesitamos la Paciencia del Santo Job, sin ella es imposible que se pueda hacer ese Trabajo.

A Job le dio una enfermedad grave (Cáp. 2, versículo 9) (a Lázaro se le podrían sus carnes; (Lucas 16: 19-31), los amigos de Job, Eliphas, Bildad y Zophar (los Tres Traidores del Cristo

Interno) le decían: "si tú eres amigo de Dios, ¿por qué no protestas?"; él decía: "el Señor dio, el Señor quitó" (1:21). El Número de Job es Paciencia y Mansedumbre, ahí está el camino para "Pudrirnos". Lo atestigua la Biblia original que incluye las obras de la Eneida, Odisea y Macabeos, ejemplares de dicha Biblia se encuentran en el Museo de Londres, en el Vaticano y el Museo de Washington. La Biblia es un Arcano, en Salmos Capítulo XIX trata sobre el Tarot.

En el Arcano 8 se encierran las Pruebas Iniciáticas. Cada Iniciación, cada grado tiene sus pruebas. Las Pruebas Iniciáticas son cada vez más exigentes de acuerdo al Grado Iniciático. El Número Ocho es el Grado de Job, este signo, este número significa Pruebas y Dolores. Las Pruebas Iniciáticas se realizan en los Mundos Superiores y en el Mundo Físico. Las pruebas de la Iniciación son muy terribles. Se necesita una Gran Paciencia para no caer en el Abismo. Somos probados muchas veces.

Escultura de la Serpiente Emplumada en el Templo de Quetzalcóatl en Teotihuacan. México

Carta Nº 8
La Justicia   Tarot Egipcio

Capítulo 9

Tonatiuh, el México del quinto Sol.

Tú eres un sol y debes brillar, busca en tu cosmos interior.

Tonatiuh fue conocido en la mitología azteca como el dios del sol, y se le consideró como líder del cielo por el pueblo méxica, incluso se le conoció como el quinto sol, pues los aztecas tenían la creencia de que él asumió el control cuando el cuarto sol había sido expulsado del cielo, además creían que cada sol era un dios distinto.

Un mito méxica cuenta que tras la muerte del cuarto sol comenzaron a buscar el quinto y nuevo sol, encontraron dos dioses que fueron posibles candidatos, los cuales eran Tecusiztécatl que era un cobarde pero bastante orgulloso de él mismo y Nanahuatzin (Tonatiuh) que era un dios pobre pero muy noble.

Al sentarse frente a la fogata de los sacrificios llamado pira, los dioses aztecas comentaron que tenían que hacer el sacrificio en la misma pira.

Tecuciztécatl fue el primero en entrar pero al sentir el dolor salió y quedó manchado, pues de allí se dice que se origina las manchas del jaguar, mientras que Nanahuatzin cuando se metió enseguida salió una chispa directo para el cielo y se iluminó, naciendo así el quinto y nuevo sol.

Para los aztecas al quinto dios sol se le quedó ese nombre Tonatiuh, su significado es:

Tona= Hacer el sol.

Tiuh= Ir.

En el gnosticismo del universo, el espíritu o el ser, será el que genere la vida y a su vez el símbolo del trabajo se representa con el sol, y es que el sol significa entregarse.

La cara de este dios se ve como la cara de Ometecuhtli-Omecihuatl en el calendario azteca, siendo el señor y señora de la dualidad, también conocido como el dios de la vida, amor y todas las generaciones.

Esta sabiduría nos compara la importancia de buscar y no dejar de darle brillo a ese sol que mora en tu interior, antiguamente cuando en una época de la historia de la humanidad los alquimistas hablaban en claves, te puedo decir que es en etapas como aprendes, creces, física como espiritualmente. Fíjate que una etapa es el nigredo donde te enfrentas a tu mismo y si sabes capitalizar tus errores, purificaras aquello que tapa tu sol. Después una etapa será de blanqueamiento que es sinónimo de purificación que solo tú tienes que caminar, obteniendo así el Sol espiritual, que será ese fuego interior como lo llamaban este pueblo el quinto sol. Pero muchos pueblos hablaron del sol y lo adoraban, acaso no somos estrellas en el firmamento de este maravilloso mundo. Cuando será el día que nos pongamos en el camino de regreso sintiendo en nuestro corazón a Dios, la armonía de ser, las multi virtudes que se irán multiplicando y contagiando a los demás, somos soles que queremos brillar, somos luz que cada día más se expande.

Los "HIJOS DEL QUINTO SOL" o quinta edad: "Nawi Ollin", eso significa este Quinto Sol, Sol de movimiento, en el cual vivimos nosotros los Arios, ocupando cinco continentes. Sol de movimientos y terremotos.

El Quinto Sol, NAWI OLLIN, Cuatro Movimiento, como glifo mayor del Calendario sintetiza el destino de nuestra raza, el de perecer a través de terremotos y por el fuego. San Pedro, el apóstol, nos confirma esta profecía: "El día del Señor vendrá como ladrón en la noche; en el cual los cielos pasarán con gran estruendo, y los elementos ardiendo se desharán, y la Tierra y todas las obras que hay en ella se quemarán".

Para nuestros antepasados, el Sol no sólo era el símbolo de la muerte, sino que tenía muchos significados: TONATIUH (el que Calienta), CHIMALPOPOKA (el Escudo Humeante), TLALCHITONATIUH (el que Calienta la Tierra), KUAUHTLEHUAMITL (Águila de Dardos de Fuego), XIUHPILTONTLI (el Niño de Turquesa), ONAKI TONATIUH (Sol en el ocaso). El Padre Sol era, indiscutiblemente, el centro de su cultura en general.

. No solo estamos concluyendo un segundo milenio, sino además el final de un año sideral, que es el recorrido relativo de nuestro sistema solar en torno al cinturón zodiacal. Aproximadamente cada era tiene un tiempo de 2.160 años, multiplicado esto por los doce signos, tenemos 25.920 años, un año sideral.

Es una tremenda realidad cuando se dice que mirando no vemos, oyendo no escuchamos y sin entendimiento no entenderemos la sabiduría.

Mientras eres un investigador pasivo, de esos que tienen el corazón apartado de las más elevadas y sublimes inspiraciones del espíritu, eres simplemente un curioso espectador de la cultura, no importa como se llame ésta.

No importa el número de veces que las verdades simples y cósmicas pasen delante de ti, no las verás, no escucharás sus gritos, y tropezando con ellas las apartarás pensando que son necias. Hasta que un buen día, la verdad te persuade, para que le conozcas y te conozcas, y conozcas a todo lo que te es semejante.

Las circunstancias comprometedoras nos obligan a participar desde el corazón, desde el Ser mismo de la vida, allí donde el intelecto no es capaz de penetrar.

Esto acontece con las culturas aborígenes de las distintas latitudes de la tierra, así reaccionamos, estudiándolas superficialmente o simplemente ignorándolas, aunque el conocer sea una necesidad.

Un ejemplo muy peculiar es el que nos ocupa, la Piedra del Sol o KUAUHXIKALLI AZTECA. Se trata de una piedra basáltica circular, de 3,59 m de diámetro y un peso de 25 toneladas, esculpida y trabajada con un arte incomparable, y que probablemente usted o yo simplemente le damos un significado decorativo, el de un calendario que no conocemos.

Jamás sospecharíamos el contenido esotérico del CALENDARIO AZTECA, pues si el Cristo crucificado conmueve las fibras más íntimas de un cristiano hasta su éxtasis, la Piedra del Sol o KUAUHXIKALLI, no sólo sintetiza la más elevada Religión de nuestros antepasados de América, sino que además tiene un profundo significado científico, filosófico y por ende artístico, esto último es lo que desde nuestra ignorancia más o menos intuimos.

Sabemos que las religiones son madres de las culturas, que cada religión y cada creencia se han establecido en una época determinada por el paso de nuestro mundo y todo el sistema solar en correspondencia con las diversas constelaciones, y todo en función de un desarrollo espiritual, propio de una época, de una raza, así como la situación geográfica, clima, etc., que determinan los materiales orgánicos e inorgánicos para la conformación de un símbolo o de varios.

Por otro lado, estamos científicamente bien informados de la redondez o curvatura a la que tiende el espacio y sus contenidos y su total coexistencia con el tiempo, de tal manera que podemos decir que el tiempo es curvo, por ende los acontecimientos históricos se repiten, aunque no en su total forma, sí en su esencia, ya sea en espirales altas o bajas, y es allí donde podemos comenzar a penetrar en el significado más profundo del Calendario Azteca o Piedra del Sol.

La Piedra del Sol, en un sentido figurado, es como aquellas verdades que la mente humana oculta en su subconsciente, pero que al cabo de un tiempo el hombre las necesita una vez más, porque son su raíz o razón de ser, por esta misteriosa razón emerge de la tierra el Calendario Azteca, no como un descubrimiento casual, más bien como la verdad que la humanidad debe saber.

La Piedra del Sol fue descubierta enterrada en la esquina Sureste del Zócalo o Plaza Principal de la Ciudad de México a finales del siglo XVIII, el 17 de diciembre de 1.760, durante los trabajos de construcción de la nueva catedral. Se encuentra sobre la pirámide doble de Tenochtitlán consagrada a Tláloc y Witzilopochtli, las deidades de la lluvia y de la guerra, es decir los dioses del hombre nuevo o nacido por segunda vez y la guerra florida o la aniquilación interior de todo lo falso.

En esa fecha, siendo Virrey de la Nueva España Don Joaquín de Monserrat, la Piedra del Sol fue llevada después a la catedral Metropolitana y colocada en la pared poniente de la torre, donde permaneció hasta el año de 1.885 cuando el presidente, general Porfirio Díaz ordenó su traslado al Museo Nacional de Arqueología e Historia. Data de la época de Axayakatl, el sexto rey azteca, y es probable que sea una réplica de una piedra original más antigua, que tal vez se perdió en un lago situado al lado del Museo Antropológico de Ciudad de México.

El grabado de la enorme piedra está fundamentalmente dedicado al DIOS PRINCIPAL, NUESTRO PADRE EL SOL, TONATIUH, en torno al cual tienen sitio todos los fenómenos físicos, psíquicos y espirituales.

No se equivocaban los antiguos, los protagonistas de cada época de cada momento que el despertar en el hombre está a la alcance de cada cual. Todas las civilizaciones somos solares y serpentinas, solo que tenemos que reflexionar, estudiar, e indagar, para posterior capitalizar todo ese conocimiento intuitivamente, llevándolo a nuestro interior. Muchos decían que para que tu luz brille, primero había que morir en sí mismo, esa son las alegorías que nos enseñaron tantos mensajeros y avataras. Después de un anochecer viene que...un nuevo amanecer...así tu vida, descúbrete.

Tonatiuh o Tonatiuhtéotl (en náhuatl: tōnatiuh, 'el sol')?en la mitología nahua es el dios del Sol. El pueblo mexicano lo consideró como el líder del cielo. También fue conocido como el Quinto Sol.

Capítulo 10

Los Bensa, habitantes de las nubes

En lo infinitamente pequeño , en lo extraordinariamente grande , así eres tú.

Mitla y Monte Albán, lugar que habitaron los Mixtecas y Zapotecas, se hacían llamar a si mismo BENSA-A, Habitantes de las Nubes, misterioso nombre que nos lleva a la reflexión de lo que estos extraordinarios pueblos nos legaron.

Parecerla que poseyeron conocimientos que les permitieron trascender el paso de los años y desafiar las fuerzas de la naturaleza para estar todavía hoy dándonos sus conocimientos trascendentales en silencio con sus estelas y pirámides.

Mitla y Montealbán, majestuosas metrópolis, revelan al buscador de la sabiduría los arcanos o secretos de la autorrealización íntima del Ser, pues sus constructores supieron acercarse a sí mismos, conocieron a fondo sus procesos psicológicos, emocionales, intelectuales, y supieron plasmar con maestría, uniendo los científico a lo místico, tales procesos en piedra, para dejarnos un legado a la posteridad y para que quien buscara en forma sincera encontrara estas enseñanzas.

Los mixtecas y zapotecas tuvieron una deidad principal regente que fue Cocijo. Al igual que el Dios Tláloc de los Nahuas, Cocijo, representaba el Dios del Agua.

Si estudiamos la Antropología Gnóstica, nos daremos cuenta que los Dioses de nuestros antepasados, representaban en sí mismo muchas cosas, por un lado partes espirituales de uno mismo, por el otro fuerzas, leyes, principios cósmicos, y por supuesto también grandes maestros iluminados que en otros tiempos nos develaran la sabiduría del auto conocimiento.

Así aparece Cocijo, como una representación de Nuestro Real Ser interior, por ello es que las leyendas, mitos y tradiciones, así como los códices y estelas, muestran a este Dios como el principal, y es que dentro de nosotros tenemos un Anciano de los Días, que vela por nosotros, que busca el bienestar de cada uno, y que nosotros errando el camino ya no lo escuchamos, ya no hacemos caso a los dictados de nuestro corazón, hemos entrado en una Edad negra y materialista, donde el Dios Cocijo, Nuestro Real Ser, ya no tiene la menor importancia.

Como deidad de las Aguas, nos indica la importancia de las aguas internas, de las aguas puras de Vida, si el agua es la vida para el mundo, la energía creadora que nos trajo al tapete de la existencia, es el símbolo de la importancia que tiene el aprender a cuidar, canalizar y trasmutar estas fuerzas a través del recto pensar, recto sentir y recto obrar.

No podemos dudar de que también fuera un gran Maestro iluminado, que trajo a los Zapotecas y Mixtecas la ciencia esotérica implantó en esta región una Sabiduría Inmortal.

Especial atención se puso a los muertos, pero el error de nosotros es creer que se trataba de los muertos físicamente. El interés por los muertos se refería enfáticamente a la muerte de nuestros agregados a la psiquis.

La veneración a la muerte por estos grandiosos pueblos, se debió a que descubrieron que con la muerte de las pasiones animales, de la ira y del orgullo, de la codicia y el veneno asqueante de la envidia, lograron vivir en total armonía, paz, equilibrio y felicidad.

Es indiscutible que al saber que la causa del dolor y enfermedades era el Yo de la psicología, no podrán menos hacer sino dejar ciudades completas como la de Mitla dedicadas a este factor tan importante. De hecho Mitla viene de Mictlan que traducido es el Lugar de los Muertos.

Entre los edificios más importantes está el llamado Grupo de la Iglesia, podemos notar al igual que en las grandes Catedrales Góticas tres puertas, indicando claramente a las tres fuerzas primarias de la creación, pues es precisamente la misión que todo ser humano tiene en este mundo y es el de encarnar en sí mismo la Sabiduría del Padre, el Amor del Hijo y el Poder del Espíritu Santo, esto solo es posible si buscamos eliminar de nuestra naturaleza la mentira, el odio y el abuso de nuestras energías sexuales.

Cada vez que mentimos nos separamos del Padre, cada vez que odiamos, tenemos deseos de venganza, resentimiento, etc., nos separamos del Cristo Cósmico; y cada vez que adulteramos, que nos identificamos con la pornografía, que nos llenamos de lascivia, nos alejamos de las fuerza creadora del Espíritu Santo. Las Tres puertas nos están invitando a caminar en el sendero de la rectitud para que se manifiesten en nosotros tales fuerzas.

Los muros se encuentran decorados con miles de piedras, perfectamente talladas, se han calculado que en Mitla se encuentran unas 100 mil piedrecillas, que embonan perfectamente unas con otras. El principal decorado es el que forma las características grecas de Mitla, símbolo del Agua, del mercurio de la alquimia medieval.

Más no solo es el símbolo de la Vida, al verlas así nos da clara idea del movimiento, cosa solo posible si aprendemos primero a no malgastar esta energía cada vez que nos enojamos, cada vez que parece que nos traga la envidia, cuando nos preocupamos despilfarramos grandes cantidades de mercurio filosofal o energía creadora, cuando nos comemos vivos al prójimo.

Si seguimos por ese camino es lógico que nunca tendremos el suficiente mercurio para transformarlo y así convertirlo en Agua en Movimiento o Energía Trasmutada. Son estas grecas el símbolo del Secreto para lograr tener la fuerza suficiente para transformarnos, pues la lucha que debemos sostener contra el Enemigo Secreto que todos llevamos dentro, no es fácil.

No es sencillo dominarse ante las palabras del insultador, no es nada fácil eliminar de nuestra naturaleza la espantosa pereza que nos impide hacer nuestras prácticas de meditación, que nos aleja del servicio por los demás. Es por eso, que necesitamos del Agua en Movimiento, de la Energía Creadora Trasmutada, para lograr esta misión que tenemos en esta vida.

Otra de las construcciones más relevantes de Mitla es el Grupo de las Columnas, seis piezas monolíticas que se encuentran dentro de un gran salón. Si estudiamos el No. 6 en la cábala, encontraremos que está asociado a la relación entre un varón y una mujer, a la fuerza erótica sabiamente canalizada, es de notar que no exista la morbosidad como en estos tiempos, el sexo era considerado como lo más sagrado, como la fuerza capaz de redimirnos.

Las seis columnas expresan la fertilidad y por ello tienen forma fálica, indicando obviamente el poder de la fuerza sexual. Este bello conjunto nos dice que el Secreto de la salvación humana se encuentra precisamente en el matrimonio, en saber manejar las fuerzas que se generan entre el varón y la mujer. Nos habla que si aprendemos a llevar un matrimonio en equilibrio en todos sus aspectos estaremos muy cerca de arrancarle a la naturaleza sus más preciados secretos,

Existen tumbas cruciformes (en forma de cruz), no debemos olvidar que la Cruz fue un símbolo sagrado entre todos los pueblos de Meso América y en realidad del mundo entero. El vástago vertical es el emblema de la fuerza magnética activa o masculina, y el vástago horizontal es el emblema de la fuerza magnética femenina o pasiva.

Que una Tumba tenga forma de Cruz, nos invita a la reflexión, la tumba es la Muerte de nuestros vicios y aberraciones humanas, y con la forma de Cruz, nos indica que además de voluntad es necesaria una comprensión profunda pues sin ella no es posible la eliminación de ningún defecto, necesario es la sabia combinación de las fuerzas magnéticas representadas en la cruz para lograrlo.

Montealbán

Se traduce como Cerro Blanco, aunque algunas autoridades en la materia piensan que debió llamarse el Cerro del Jaguar, animal representativo de la Sabiduría del Ser, del Fohat o Fuego Trascendente y Sagrado que habremos de despertar en el interior de nosotros mismos, si es que pretendemos de alguna forma cumplir con el propósito divino.

Cada lugar tiene generalmente una enseñanza primordial, un conocimiento para el alma, para la conciencia, para que impacte lo profundo de nuestro ser, el Pueblo de las Nubes, Bensa-a, la ciudad sagrada realizado en lo alto de un cerro, entre las nubes, a unos 2164 metros sobre el nivel del mar, sus deidades principales relacionadas con el Agua de Vida, nos muestran a las claras que Montealbán fue edificada para indicar el proceso de la creación misma de Universo, que como es sabido, es el mismo que debe efectuarse en el interior de uno mismo para convertirse de un simple animal intelectual en un verdadero Hombre (la palabra hombre se refiere tanto el varón como a la mujer).

El campo de la bola religiosa, ha sido muy mal interpretado por nuestros contemporáneos, algunos se han atrevido a afirmar que es el origen del futbol, eso es el colmo de nuestro fanatismo e ignorancia. Es como si pretendiéramos poner en alguna catedral de nuestra poca donde se ora y medita, una cancha de fútbol. Pero as somos en esta época de superficiales. Sin duda alguna, nos atrevemos a enfatizar que el Campo de la Bola Religiosa, mal llamado Juego de la Pelota, simboliza la lucha constante y eterna entre las potencias del Bien y del Mal.

Las potencias del Bien, son los valores del Ser, la sabiduría gnóstica, la verdad, el amor, la fraternidad, el altruismo, la sinceridad, etc. Las potencias del Mal, es nuestra ignorancia, nuestro fanatismo, la violencia, la lujuria, etc. Nos dicen las tradiciones que quien ganaba era decapitado, pues así tena el honor de ir con los dioses o seres superiores.

Cosa que sin la antropología gnóstica es entendido de la forma más equivocada. Claro, quien en el campo de la vida diaria, lucha contra sus potencias tenebrosas y sale victorioso, obviamente muere en sí mismo, y nace para el espíritu, es decir, queda decapitado. Con la capacidad de poder ver y oír lo que sucede en la naturaleza en todas sus dimensiones despertar realmente a lo que es real.

Mucho es lo que se ha especulado acerca de los danzantes de Montealbán, aseguran algunos, inclusive, que se trata de prisioneros a los que les fueron mutilados los órganos sexuales, algunos otros que se trataba de enfermos, deformes.

Pero volvamos a la reflexión, construir un Templo Sagrado dedicado a la oración, a la meditación, a los rituales sagrados y poner en ellos prisioneros mutilados o personas enfermas? Permítasenos proponer mejor la idea de que Montealbán fue construido para enseñar la forma en que se creó el Mundo y el Universo.

Algunos de los llamados danzantes, más bien se encuentran en la actitud en que algunas estelas y códices nos muestran a la mujer indígena en actitud de parir, de dar una nueva vida.

Si analizamos algunos de estos personajes, vemos que tienen los dos órganos sexuales a la vez, es decir son andróginos, como bien señalan los libros de antropogénesis (libros que relatan el origen del mundo), siempre se destaca que el ser humano, en un principio, fue macho y hembra a la vez, basta recordar la Biblia: y Dios creó a Adán, Macho y Hembra a la vez.

Parecieran estos personajes como flotando, -de ahí su nombre de danzantes-, como en las aguas primordiales de vida, el caos o la Gran Madre. Diríamos que son los mismos Elohim o Cosmocratores (Creadores de Mundos) que en el Espacio de la Gran Madre, daban vida a todo lo existente. Se trata de la Cosmovisión de los Zapotecos de cómo fue creado el mundo. Conocimientos bastante elevados, símbolos de un avanzado conocimiento de sí mismos, de la naturaleza, del Universo pero en todos sus aspectos.

Cerca de 200 tumbas se han encontrado en Montealbán, clara muestra de que la muerte era considerada como sagrada. Conocían a fondo los estados post-morten, como lo conocían en el Tíbet oriental, además sabían acerca de la Sagrada Muerte base fundamental para todo posible desarrollo íntimo, -es decir- la muerte de las pasiones animales. Uno de los más extraordinarios descubrimientos, fue el de la Tumba no. 7, lleno de joyas de oro.

El oro tenía para los antiguos un significado religioso, no lo veían como nosotros relacionado al poder, lo asociaban con el espíritu, con el Sol, con la Verdad, con las virtudes del alma, con los grados que alcanzaba internamente. No era por ostentación o vanidad, sino tales adornos eran porque a través de grandes súper esfuerzos íntimos y toda una vida de trabajo en servicio por los demás, se lo habían ganado.

Entre las joyas más representativas se encuentra el Dios Xipe Totec, Nuestro Señor El Desollado, Dios de la Primavera y de la lluvia nocturna bienhechora. Se cuenta en las leyendas que se desolló (se quitó la piel) para con ella alimentar la tierra y dar frutos y plantas en abundancia.

Indiscutiblemente nos habla del sacrificio o Sacro Oficio, del sagrado oficio, el cual consiste en sacrificar hasta nuestros mismos sufrimientos, para que se dé la vida. Bellas oraciones aún existen dedicadas a este Dios pidiendo la abundancia en cosechas, pues nuestros antepasados, sabían que la naturaleza es algo lleno de vida.

Una de las piezas más renombradas a nivel mundial, Mictlantecuhtli, es él Señor de la Muerte; su cabeza es una calavera, es el Dios del Mictlan o región de los muertos alegorizando enfáticamente el Culto a la Muerte, pero no olvidemos que si bien conocían todos los procesos después de la muerte, que hoy por nuestra inconciencia desconocemos, sin duda alguna quisieron poner énfasis en la Base de todo posible desarrollo espiritual, y esa es la muerte del Yo.

El misterio envolver al pueblo de las nubes quizás por muchos años más, en Mitla y Montealbán lugares donde el tiempo parece que se ha detenido, donde el arte y la ciencia se han conjugado sabiamente en cada piedra y estela, en cada glifo y códice.

Las nubes del misterio solo podrán ser despejadas para ver la luz radiante del Sol que es nuestro Ser, si descubrimos que a Mitla y a Montealbán debemos vivirlas en nuestra vida cotidiana, muriendo en sí mismos y creando el universo interior ya que las leyes que están plasmadas en estas extraordinarias zonas arqueológicas son las mismas leyes con las cuales, si las aplicamos, habremos de formar dentro de sí mismos al Ser Interior.

Monte Albán, sitio arqueológico localizado a 8-10 km de la ciudad de Oaxaca de Juárez, capital del estado mexicano del mismo nombre.

Capítulo 11

Kwan-Yin: Diosa de la Misericordia y del Amor.

China, Tierras de emperadores y de una nación prodigiosa.

La Amada Maestra Kwan Yin, Diosa de la Misericordia y del Amor; ella magnetiza esta Llama de la Comprensión y de la Misericordia desde el mismo Corazón de Dios, y lo más importante es que la proyecta en la atmósfera de la Tierra, en donde los sufrimientos del alma, mente y cuerpo, son experimentados temporalmente. Es un Ser de Luz que conforma el Tribunal Kármico.

Nuestra Amada Kwan Yin fue conocida por muchas personas de la Tierra, quien sabía que, a través de Ella, el regalo de ternura de Llama de la Misericordia podría ser de ellos, por la trasmutación del propio Karma destructivo, como también el de sus seres queridos.

También es conocida por varios nombres: " La Reina del Oeste", "Hsi Wang Mú", "Blanca Tara" o "Dolma", " La Diosa que Vigila al La Amada Maestra Kwan Yin, Diosa de la Misericordia del Mundo", "Madre Dorada" y " La Guardiana Misericordiosa ". Ella siempre ha estado interesada en ayudar, particularmente a los niños y a sus padres, a redimir el Karma respectivo y colectivo, para que así puedan así visualizar con más rapidez la perfección de la propia Amada Presencia "YO SOY".

Frecuentemente en aquellos años, nuestra Amada Kwan Yin bautizaba con Fuego Violeta, a los niños que eran traídos a Ella para ser bendecidos, tomándolos en sus propios brazos tiernamente quitándole todo el Karma invisible pero destructivo que la Ley del Ser de esos pequeños permitiese, antes de que la angustia pudiera manifestarse en sus almas, mentes, cuerpos y otros asuntos. Estas energías destructivas, claro está, habían sido por ellos generadas en anteriores encarnaciones.

Después que el Velo de Maya fue creado por la masa humana, nuestra Amada Kwan Yin, así como otros seres Divinos, se hicieron invisibles para las personas, pero, aún así, Ella continuó sus servicios desde los Niveles Internos de la Conciencia , lo que resulta de gran eficacia; ya que rinde un servicio sobresaliente al género humano de la Tierra y su atmósfera. Como la atención de la humanidad es la puerta abierta hacia el mundo sobre el cual está fija esta atención, cuando esta Amada Diosa de la Misericordia , Kwan Yin, sea otra vez conocida por todas las gentes de la tierra, con su belleza, ternura y compasión (al igual de todos los seres que sirven junto con Ella); y se hagan otra vez visibles en el Plano Físico. Todas esas Bendiciones de Curación, Poder, Paz y Alegría, volverán a la tierra como nunca antes.

Ella ha servido desinteresadamente por tantos años con el Rayo Violeta, ayudando a disolver toda carga negativa creada por la humanidad, y la recibirá a medida que la Edad de Oro se vaya manifestando plenamente.

Después que el Alma ha pasado por el cambio llamado "muerte" al final de su vida en la Tierra , nuestra Amada Kwan Yin vuelve a rendir cada uno de los Servicios específicos, ayudando a quitar muchas de las marcas dejadas por las frustraciones, sentimientos de culpabilidad aparentes; remordimientos, y las causas de otras condiciones negativas registradas en el Cuerpo Etérico, quitando tantas como la Ley del Ser lo permita. Esto le hace más fácil al individuo el momento de presentarse ante el Tribunal Kármico; el cual debe examinar todo lo que hay en el mundo del Aspirante y a la vez capacita a este amoroso y misericordioso Tribunal para destinar a esa Alma a la Esfera más alta posible, donde recibirá instrucción y ayuda entre una y las otras encarnaciones.

La Amada Kwan Yin con sus Hermanos y Hermanas de la Misericordia, así también como sus ilimitadas Legiones de Ángeles, se dedica también a borrar lo más rápidamente posible las causas que originan el desprecio de los que llaman "justos", para con las madres solteras y sus hijos ilegítimos. Una de sus Legiones es la Presencia Guardiana de todos los Hogares y Orfanatos, dando la asistencia posible. Su Llama de la Misericordia y de la Compasión siempre envuelve a las madres y a las futuras madres, en muchas ocasiones se han evitado abortos y suicidios; mediante el Poder Protector sostenido por la Fe de las Legiones de Kwan Yin, cuya radiación proporciona una formidable ayuda a esas desafortunadas Corrientes de Vida que han caído en sufrimientos de esa naturaleza.

La exquisita dulzura de Kwan Yin se incorpora en todos sus Ayudantes Celestiales y hasta en los estudiantes de la enseñanza no ascendidos que pertenecen a sus Legiones de Misericordia. Esta Gracia es también la naturaleza predominante de nuestro Amado Maestro Saint Germain y es un Profundo y verdadero sentimiento dentro del corazón y no una superficial expresión de bondad y amor.

Hay muchos seres no ascendidos en la Tierra que no pueden o no desean perdonar las injusticias de que han sido víctimas, hasta los estudiantes más sinceros guardan a veces sentimientos de rebelión y resentimiento contra otras Corrientes de Vida, como también hacia circunstancias de la naturaleza infelices. A éstos se le recomienda la Invocación de los propios sentimientos de Misericordia de la Amada Kwan Yin, igualmente los de Comprensión y Perdón. Ella te hará sentir todo Ímpetu Cósmico y la Alegría que produce el generar esos sentimientos por nosotros mismos.

Aceptemos sinceramente en todo momento la radiación de Misericordia, Comprensión y Amor que derrama nuestra Amada Kwan Yin en todos los corazones de vida en la Tierra

La maestra Kwan-Yin es venerada en China, donde tiene su templo, llamado Templo de la Misericordia se localiza etéricamente cerca de Pekín, y está rodeado de 12 pequeños templos, donde habitan todas las legiones de seres que están a su servicio.

En el templo, arde la llama de la misericordia y de la compasión para la tierra y todas sus evoluciones ; ella magnetiza esta llama desde el mismo corazón de Dios, y la proyecta en la atmósfera de la tierra.

Kwan Yin es el nombre que se le da en China al Logos o Dios Creador en su aspecto femenino. Es la manifestación de la Madre o Matriz Cósmica y es conocida como la "Madre de la Misericordia" o "Diosa del Amor". Es considerada una Boddhisattva de la familia de Amida Buda. Es un Ser de Luz que conforma el Tribunal Kármico (grupo de Seres Divinos que por Misericordia y Compasión nos ofrecen sus servicios a todos los que vivimos en la tierra), a la vez que es una de las Iluminadas más importantes. Su nombre significa "La que escucha y atiende los lamentos del Mundo." Su atributo particular es su Misericordia, que le hace accesible a todos. Rescatará a cualquiera que acuda a ella en momentos de crisis. Comprende la naturaleza del temor y la angustia y responde a ellos con Compasión.

Ella es todo Amor y la encarnación de la Gracia y la Belleza. Los Bodhisattvas pueden convertirse en Budas, pero el Amor que Kwan Yin siente por la humanidad es tan profundo que, después de haber logrado llegar a la Iluminación (estado de "Nirvana"), en lugar de ascender a la condición de Buda eligió conservar la forma humana y permanecer en el "Samsara", el mundo de las Ilusiones, hasta que todos los seres individuales sobre la tierra hayan logrado su Ascensión (Iluminación) también y se liberen del ciclo de nacimiento, muerte y reencarnación (Samsara). "Nunca buscaré ni recibiré salvación individual, exclusiva; nunca entraré a la Paz Final sola, sino que para siempre y en todo lugar, viviré y pugnaré por la redención de cada criatura en el mundo de la Ilusión de la existencia condicionada" - Kwan Yin. Su Llama de la Misericordia y de la Compasión siempre envuelve a todos.

Ella ha servido desinteresadamente por años con el Rayo Violeta del Perdón y la Transformación, ayudando a disolver toda carga negativa creada por la humanidad. Hace mucho tiempo Ella vivió en la tierra en el plano físico. En esa época, la gente iba hacia ella para pedirle misericordia, y a la vez Ella viajaba con frecuencia para ayudar a aquellos que no podían realizar la peregrinación hasta su templo. Tomaba en sus brazos a los niños y los bautizaba con Fuego Violeta quitándoles todo el Karma destructivo que la Ley del Ser de esos pequeños permitiese, antes de que la angustia pudiera manifestarse en sus almas, mentes y cuerpos. La Madre Kwan-Yin, ofrece ayudar a quienes le piden Compasión y Misericordia para sí mismo y para sus seres queridos. Una de sus legiones (templos menores), se encarga de ser la presencia guardiana de todos los hogares y orfanatos. A Ella también se le adjudica la amorosa protección de las madres solteras y sus hijos ilegítimos, así como las futuras madres, sean estas ayudadas o no por el padre de la criatura, acogiéndose a su amorosa protección, se han evitado abortos y suicidios.

Algunos símbolos se asocian característicamente con Kwan Yin, al mismo tiempo que se la ve representada de muchas maneras. Algunas de ellas son:

Sosteniendo una rama de Sauce, con la que Ella rocía el Divino Néctar de la vida (la Sabiduría Divina). El Sauce es un antiguo símbolo chamánico para la cultura China que lo vincula a la facultad de comunicar con los mundos espirituales y también como símbolo de la femineidad.

Sentada o parada sobre una flor de loto, porque ella es una guía para la verdadera espiritualidad.

Sosteniendo un precioso cántaro de agua o vasija, porque Ella otorga el "Agua de la Vida Verdadera" simbolizando el néctar de la Compasión y la Sabiduría que son distintivos de los Bodhisattvas.

Con una paloma, signo de Fecundidad.

Sosteniendo un libro o pergamino de oraciones en su mano, representando el Dharma (enseñanza) de Budha o el Sutra (texto Budista).

También se la representa sosteniendo una cesta llena de peces o espiga de arroz maduro o taza con granos de arroz, porque quienes acuden a Ella ven sus necesidades básicas satisfechas en abundancia. Es un símbolo de su capacidad de generar fertilidad y sustento.

En muchas imágenes, se la representa llevando las Perlas de la Iluminación, o sosteniendo en sus manos la Cinta maní, la Joya que colma todos los deseos. En otras sosteniendo una Mala (rosario)) para meditar o adornando su cuello, con el cual Ella invoca a los Budas por su socorro con una de sus manos en actitud de bendición. Las imágenes portando un loto blanco hacen referencia a su Pureza. Las representaciones de Kwan Yin sobre un dragón, el cual domina por su extrema dulzura, es un poderoso símbolo de Sabiduría, Espiritualidad, Poder, Fuerza y Poderes Divinos de Transformación. También hay representaciones de Kwan Yin como la diosa de 1.000 brazos, la de mil ojos o como la diosa de once cabezas. En las representaciones de Kwan Yin con 1.000 brazos, se dice que cada mano representa diferentes símbolos Cósmicos o expresando una posición ritual especifica o un mudra diferente que simboliza diferentes medios para salvar a los seres sintientes.

Sus manos en posición ahuecada ofrece a veces la forma del Yoni Mudra, simbolizando la matriz como la puerta de entrada a este mundo a través del principio Universal Femenino. En su mano izquierda, sostiene un largo tallo con una flor de loto que reposa sobre su corazón. Esta flor, simboliza a la Chispa Divina o Cristo Interno, que vive en el corazón de cada ser humano. Uno puede hacerse "Amigo de la Misericordia de la Madre Kwan Yin", amarla e invocarla hasta tal punto que Ella acuda a cada uno de nuestros llamados haciéndonos extraordinarios milagros. Ella es también la Voz de nuestra Alma, la cual sólo puede ser oída después de haber logrado un gran silencio interno.

La Amada Madre Kwan Yin se expresa por medio de dos Llaves Tonales. Una de ellas es la hermosa melodía de Albert W. Ketelbey (1875-1952) llamada "En el Jardín del Monasterio" (In a Monastery Garden). La otra Llave Tonal es Sakura, del folklore japonés.

Palabras Clave de la Diosa: Compasión, Iluminación y Amor Profundo.

Mantras de Kwan Yin: "OM MANI PADME HUM"

Significa: "Yo Soy la flor de loto, Joya Sagrada que Ilumina mi Ser Interior."

Al recitarlo, sea en voz alta, en voz baja o en pensamiento, potenciamos nuestras cualidades altruistas y comienza a fluir el néctar de la Compasión y la Sabiduría dentro de nuestros meridianos de conciencia-energía.

Todos nuestros deseos reciben las bendiciones de Kwan-Yin para su cumplimiento, y todas nuestras penas y sufrimientos se liberan. Obtenemos paz y armonía, y saboreamos el nirvana, el estado de pureza inmutable de nuestro ser.

Afirmaciones de la Diosa: "Soy compasiva con los demás, con mis seres queridos y conmigo misma". "Alivio mi sufrimiento al ser compasiva conmigo misma". "Escucho en profundidad y dejo espacio a los demás y a mí misma". "Nutro mi totalidad con la Compasión". "Confió en la bondad de la vida". "Mi Compasión es la llave de mi bienestar". "Soy bondadosa, suave y dulce conmigo misma y con los demás".

Debemos recordar que la compasión es una cualidad positiva, quién la posee, reconoce inteligentemente el pesar de otra persona, al poseer esta cualidad, el individuo trata de encontrar la causa de ese pesar, encontrando así algún remedio que ayude a la otra persona. De lo contrario, unirte a ese pesar, te ata al desasosiego que experimenta la otra persona, resultando ahora que son dos las personas que sufren y nada se ha remediado.

Guanyin (観音, kuan-yin) es el nombre dado en China a Avalokiteśvara bodhisattva venerado en el budismo. Compasión. "quien oye los lamentos del mundo".

Palabras Finales.

Al remontarnos a los orígenes del hombre, nos remontamos a la historia de todas las escuelas de misterios, aprendiendo el valor de los símbolos utilizados en los distintos periodos.

Vive en el presente, que es el único momento que tienes. Mantén tu atención en lo que existe aquí y ahora; busca la plenitud en todo momento. Acepta lo que viene a ti total y completamente para que puedas apreciarlo y aprender de ello; luego déjalo pasar.

El presente es como debe ser. Refleja infinitas leyes de la Naturaleza que te han traído hasta este pensamiento exacto, esta reacción física precisa.

Como dijo alguna vez un gran teólogo alemán "Ten buena conciencia y tendrás siempre alegría. Si alguna alegría hay en el mundo la tiene seguramente el hombre de corazón puro". Por eso con este libro hemos compartido juntos un pequeño viaje alrededor de nuestra casa este bendito planeta y hogar de millones de seres. Donde en cada rincón se encuentra plasmada la sabiduría milenaria y trascendental que nos pertenece a todos,...búscala.

Me despido de vos con mucho amor, hasta el próximo viaje..."He buscado el sosiego en todas partes, y sólo lo he encontrado sentado en un rincón apartado, con un libro en las manos".

Abrazos grandes Fernando Torrubia.

www.ingramcontent.com/pod-product-compliance
Lightning Source LLC
Chambersburg PA
CBHW021448210526
45463CB00002B/683